낭
송

장
자

낭송Q 큰글자책 시리즈 제자백가편 02

낭송 장자

발행일 초판5쇄 2024년 7월 15일(甲辰年 辛未月 庚辰日) │
지은이 장자 │ **풀어 읽은이** 이희경

펴낸곳 북드라망 │ **펴낸이** 김현경 │ **주소** 서울시 종로구 사직로8길 24 1221호(내수동, 경희궁의아침 2단지) │ **전화** 02-739-9918 │ **팩스** 070-4850-8883 │ **이메일** bookdramang@gmail.com

ISBN 979-11-90351-72-0 04150 979-11-90351-59-1(세트)

책으로 여는 지혜의 인드라망, 북드라망 www.bookdramang.com

낭송
Q
큰글자책 시리즈

제자백가편
02

낭송
장자

장자
지음

이희경
풀어
읽음

고미숙
기획

티

▶낭송Q 큰글자책 시리즈 『낭송 장자』 사용설명서◀

1. '낭송Q'시리즈의 '낭송Q'는 '낭송의 달인 호모 큐라스'의 약자입니다. '큐라스'(curas)는 '케어'(care)의 어원인 라틴어로 배려, 보살핌, 관리, 집필, 치유 등의 뜻이 있습니다. '호모 큐라스'는 고전평론가 고미숙이 만든 조어로, 자기배려를 하는 사람, 즉 자신의 욕망과 호흡의 불균형을 조절하는 능력을 지닌 사람을 뜻하며, 낭송의 달인이 호모 큐라스인 까닭은 고전을 낭송함으로써 내 몸과 우주가 감응하게 하는 것이야말로 최고의 양생법이자, 자기배려이기 때문입니다(낭송의 인문학적 배경에 대해 더 궁금하신 분들은 고미숙이 쓴 『낭송의 달인 호모 큐라스』를 참고해 주십시오).

2. 낭송Q시리즈는 '낭송'을 위한 책입니다. 따라서 이 책은 꼭 소리 내어 읽어 주시고, 나아가 짧은 구절이라도 암송해 보실 때 더욱 빛을 발합니다. 머리와 입이 하나가 되어 책이 없어도 내 몸 안에서 소리가 흘러나오는 것, 그것이 바로 낭송입니다. 이를 위해 낭송Q시리즈의 책들은 모두 수십 개의 짧은 장들로 이루어져 있습니다. 암송에 도전해 볼 수 있는 분량들로 나누어 각 고전의 맛을 머리로, 몸으로 느낄 수 있도록 각 책의 '풀어 읽은이'들이 고심했습니다.

3. **낭송Q 큰글자책 시리즈**는 고령자와 저시력자를 위해 낭송Q 시리즈 책들의 활자와 판형의 크기를 키워서 제작한 시리즈입니다. 낭송Q 큰글자책 시리즈에서는 기존에 출간된

낭송Q 시리즈의 책들을 책의 성격에 따라 재배치하여 독자들이 관심 있는 분야의 고전들을 쉽게 찾아 읽을 수 있도록 하였습니다. 아래의 목록을 참조하셔서 낭송할 큰글자책 고전을 골라 보시기 바랍니다.

▷ **판소리편** : 『낭송 춘향전』, 『낭송 변강쇠가/적벽가』, 『낭송 흥보전』, 『낭송 토끼전/심청전』.
▷ **동의보감편** : 『낭송 동의보감 내경편』, 『낭송 동의보감 외형편』, 『낭송 동의보감 잡병편 (1)』, 『낭송 동의보감 잡병편 (2)』.
▷ **고전소설편** : 『낭송 삼국지』, 『낭송 홍루몽』, 『낭송 서유기』.
▷ **제자백가편** : 『낭송 도덕경/계사전』, 『낭송 장자』, 『낭송 열자』, 『낭송 한비자』.

4. 낭송은 최고의 휴식입니다. 소리의 울림이 호흡을 고르게 하고, 곧이어 몸과 마음이 평온해집니다. 혼자보다 가족과 친구, 연인과 함께하시면 더욱 효과가 좋습니다. 또한 머리맡에 이 책을 상비해 두시고 잠들기 전 한 꼭지씩만 소리 내어 읽어 보세요. 불을 끄고 자리에 누워서는 방금 읽은 부분을 낭송해 보세요. 개운한 아침을 맞을 수 있을 것입니다.

5. 『낭송 장자』는 풀어 읽은이가 『장자』의 편제를 새롭게 하여 엮은 발췌 편역본입니다. 각 글의 끝에는 그 글이 실린 원서의 편명을 밝혀 주었으며, 『장자』의 원 체재(體裁)와 그에 해당하는 『낭송 장자』의 글 목록은 따로 이 책 말미에 실었습니다.

차 례

『장자』는 어떤 책인가
절대 자유의 삶!

1.

『장자』는 유명하다. 물고기가 새가 되어 남쪽 바다로 날아가는 대붕大鵬우화라든가 장자가 꿈에서 나비가 된 호접지몽胡蝶之夢 등은 널리 알려진 이야기이다. 뿐만 아니다. 원숭이에게 아침저녁으로 먹이를 달리 줬다는 조삼모사朝三暮四나 우물 안 개구리를 일컫는 정저지와井底之蛙 그리고 제 힘만 믿고 수레 앞에서 까부는 사마귀 이야기인 당랑거철螳螂拒轍 등도 모두 『장자』에 나오는 사자성어이다.

동서고금을 통해 널리 사랑받은 『장자』! 우리는 크기가 수천 리나 되는 물고기가 어느 날 수천 리가 넘는 새로 변신하여 육개월이나 쉬지도 않고 날아간다는 식의 호방한 이야기, 나아가 재상 자리도 마다하며 차라리 시궁창에서 유유자적 살겠다고 하고, 왕에게 받은 수레를 뽐내는 사람에게 얼마나 아부를 했느냐고 일갈하는 장자의 거침없는 호쾌함에 깊이 매료된다. 장자는 오랫동안 우리에게 비루한 일상을 초월하는 피세避世의 이미지로 각인되어 왔다.

그러나 실제 『장자』에서 우리가 마주하는 것은 세상이 아무리 한심하고 구질구질하고 역겹고 난감하더라도 그것을 피할 방법은 없다는 사실이다. "태어난 이상 부모자식 관계는 끊을 수 없고, 군주 없는 곳 역시 이 세상 어디에도 없다!" 세속은 불가피[不得已]한 현실이다. 따라서 『장자』에서 가장 먼저 버려야 할 것은 바로 이 '피세'避世의 이미지이다.

세속적 삶의 불가피한 현실에서 출발한다는 점에서 장자와 공자는 마주친다. 그러나 장자는, "불가능하다는 것을 알면서도 할 수밖에 없다"(『논어』)고 생각한 공자의 자리에서, 어쩌면 공자가 멈춘 그 자리에서 공자를 더 밀고 나갔다. 세상이 무도無道한 게 정말 인의仁義가 없어서인가? 오히려 인의 때문에 세상이 더 무도해지는 것은 아닐까? 빈천은 견뎌도 오욕은 견디지 못하는 군자, 목숨은 초개처럼 버려도 명분은 버리지 못하는 군자, 불가능하다는 것을 알면서도 행하는 그런 의욕 자체가 세상을 어지럽히는 것은 아닐까? 장자가 자신의 사유를 출발하는 지점은 바로 이곳이다.

그리고 또 한 명, 장자의 벗 혜시惠施! 고대 중국 최초의 논리적 사변가인 혜시의 담론을 장자는 한편으로는 존중했지만, 다른 한편으로는 여지없이 비틀어 버린다. 장자가 보기에 만물이 하나라는 것은 그렇게 "머리를 수고롭게 하면서 따지는" 관념의 문제가 아니라 어떤 운명이라도 사랑하면서[安命] 그 운명을 껴안고 한바탕 노는 능력의 문제였기 때문이다. 세상의 어떤 운명이라도 사랑할 수 있다면, 세상의 어떤 삶이라도 다시 살아낼 수 있다면, 그것이 바로 절대자유의 삶이다.

2.

『장자』를 낭송을 위한 텍스트로 다시 쓴다는 것은 무엇일까? 그것은 번역일까? 아니면 번역이 아닐까?

개인적인 경험을 먼저 이야기해야겠다. 친구들과 『장자』를 읽을 때 우리는 드디어 『장자』를 만난다는 기대에 차 있었다. 내편內篇 「소요유」逍遙遊를 시작으로 '한땀 한땀' 정성 들여 원문과 함께 번역본을 읽어 나갔다. 그런데 얼마 가지 못해 우리는 암흑 속을 헤매기 시작했다. 글자를 해독해도 무슨 말인지 알 수가 없었고, 번역본을 읽어 봐도 무슨 뜻인지 이해할 수 없었다. 한문뿐 아니라 한글도 외래어처럼 느껴졌다. "나는 장자가 버거워!"라는 반응이 속출했고, 급기야 "나는 장자가 싫어!"라는 친구들도 생겼다. 아, 그토록 오랫동안 사랑받았다던 『장자』에게

다가가기가 왜 이렇게 힘든 것일까? 장자의 통찰 한 점, 『장자』의 문장 한 구절 얻으려던 우리의 독서가 왜 이렇게 지리멸렬해지는 것일까? 모두 그런가? 아니면 우리만?

『장자』를 낭송용 텍스트로 다시 쓸 때 나는 이 점을 가장 염두에 뒀다. 한글이 외래어처럼 느껴지지 않고도, 수많은 집주와 해설로 빡빡한 『장자』가 아니어도, 『장자』를 읽을 수 있어야 한다. 나와 내 친구들이 한글만으로도 장자의 이야기에 귀를 기울일 수 있어야 한다. 그런 점에서 이 책은 결코 축자逐字: 글자를 하나하나 따름적 의미의 번역과 편집은 아니다.

『장자』 읽기의 어려움은 일차적으로 『장자』라는 텍스트의 성격에서 비롯된다. 현재 남아 있는 『장자』는 이질적인 것들이 공존하는 다성적 텍스트이다. 대부분은 우화의 형식으로 구성되어 있지만 어떤 것은 담론의 형태로, 또 어떤 것은 잠언의 형태로 쓰여 있다. 단골 주인공인 공자는 어떤 때는 공자라는 이름으로 어떤 때는 공구라는 이름으로 등장하며, 어떤 때는 장자의 대변자로 또 어떤 때는 장자가 공격하는 유가儒家의 대표로 등장한다. 공자에 관한 장자의 이러한 이중적 시선은 이후 장자와 유가의 관계에 대한 다양한 해석을 낳게 했다. 또한 장자가 주인공인 글도 제법 있어, 적어도 그 글을 포함한 상당한 글들은 장자 이후에 쓰인 것이 틀림없다. 요컨대 『장자』는 단일 저자의 일관된 체계를 갖춘 텍스트라고 보기 어렵다. 이러한 형식의 다양성과 내용의 이질성은 오랫동안 『장자』의 저자와 편집자를 둘러싼 복잡한 논의들을 전개시켜 왔다.

그러나 텍스트가 파편적이라는 것보다 더 근본적인 수준에서 『장자』 읽기의 어려움은 장자 자신이 비유와 상징을 즐겨 썼고, "가장 논리적인 상황에서조차 생략을 선호하는 시인"(그레이엄)이었다는 점이다. 그는 유가의 언표를 통해 유가를 비틀고, 혜시의 주장을 따라가면서 혜시의 주장을 뒤집는다. 끊임없이 치고 빠지고 또 치고 빠진다. 어쩌면 그는 자신의 글이 하나의 일관된 체계 속에서 독해되는 것을 애당초 거부했던 사상가일지도 모른다.

연구자에 따르면 지금까지의 『장자』 주해서는 역사적으로 100여 종이 넘는다고 한다. 그만큼 『장자』를 읽는 스펙트럼이 넓다는 뜻이다. 이는 국내 번역서에도 고스란히 드러나는데, 이미 60여 종이 넘는 번역서가 출판되었지만 똑같은 문장을 조금씩 의미가 다르게, 심지어 완전히 상반되게 번역한 경우도 허다하다. 동일한 번역서를 연구자에 따라서 누구는 최고의 번역으로 치기도 하고 누구는 최악의 번역으로 치기도 한다. 역시 역대의 『장자』 주해서 중 어떤 것에 주로 의존했는가에 따라 장자 해석의 차이가 발생하기 때문이다.

원문과 집주가 없는 한글만으로도 잘 읽히는 『장자』를 다시 쓰는 작업 역시 이러한 문제로부터 자유로울 수 없었다. 거의 열 줄에 한 문장씩 "예로부터 이설이 분분하다"라거나 "예로부터 난문이었다"고 말해지는 해석들의 미궁 속에서 어떻게든 길을 내야 했다. 어떤 식으로든 나의 번역과 해석이 필요했다. 나로서는 벅찬 일이었다. 그러나 만약 장자가 애당초 열린 텍스트라면 누구라도 자신만의 『장자』 읽기가 가능한 것 아닐까? 평생 읽고, 다시 읽을 『장자』의 하나의 한글판본! 『낭송 장자』는 그런 책이다.

3.

사마천의 『사기』에는 『장자』가 10여만 자로 되어 있다고 하고, 반고의 『한서』에는 『장자』가 모두 52편으로 되어 있다고 하지만 현재 전해지는 『장자』는 장자보다 약 600년 뒤의 인물인 진대晉代의 곽상郭象: ?~312이 편집한 33편, 약 6만 4천 6백 자이다.

곽상이 편집한 33편은 내편·외편·잡편의 3부로 구성되어 있으며, 내편이 7편, 외편이 15편, 잡편이 11편으로 이루어져 있다. 내편 7편은 주제를 제시하는 편명이 붙어 있고 외편과 잡편은 편 머리의 두세 글자를 취해 편명을 삼고 있다. 현재 연구자들 사이에서는 내편 7편은 장자 본인의 저작이고, 외편과 잡편은 장자 후학들의 저작이라는 설이 지배적이다.

내편은 1편 「소요유」逍遙遊, 2편 「제물론」齊物論, 3편 「양생주」養生主, 4편 「인간세」人間世, 5편 「덕충부」德充符, 6편 「대종사」大宗師, 7편 「응제왕」應帝王으로 구성되어 있으며, 외·잡편은 장자 학파의 다양한 사상적 스펙트럼이 혼재되어 있다.

내편은 주제별로 구성된 장자 본인의 저술이라는 점에서 『장자』 중의 『장자』라고 할 수 있다. 그럼에도 불구하고 이 7편 전체가 하나의 일관된 체계를 구성하고 있는 것은 아니다. 비슷한 주제가 반복되기도 하고 비슷한 문장이 반복되기도 한다. 그 점에서 내편은 하나의 주제를 매 편마다 다르게 변주하는 변주곡처럼 느껴진다. 차이의 반복!

이 책에서는 내편 첫 이야기인 대붕우화와 마지막 이야기인 혼돈우화를 프롤로그와 에필로그 격으로 담아서 내편의 상징성을 표현하였다. 그리고 1부 「나는 장자다」에서는 외·잡편에 흩어져 있는 장자에 관한 에피소드를 모았고, 2부부터 7부까지는 몇 단락을 제외한 내편 전체를 담되 순서를 약간 바꿨다. 즉 2부 「고달픈 세상」은 「인간세」를, 3부 「삶을 가꾸는 기예」는 「양생주」를, 4부 「덕이 충만한 사람들」은 「덕충부」를, 5부 「만물은 하나다」는 「제물론」을, 6부 「죽음까지 품는 진인」은 「대종사」를, 7부 「자유, 세속에서 세속넘기」는 「응제왕」과 「소요유」를 배치한 후, 각각의 장에 해당 내편과 연관이 깊은 외·잡편의 글들을 덧붙였다.

이렇게 한 이유는 『장자』를 지금 여기에서의 신산한 삶에서 시작해서, 이런 지난한 세속 속에서 자신의 삶을 가꾸며 살아가는 달인의 모습을 보여 준 후, 이와 대비하여 우리가 미혹에 빠지는 이유를 설명하고, 다시 시비분별과 사생존망까지를 넘어서는 절대 자유의 삶을 보여 주는 방식으로 맥락화하는 것이 가능하다고 보았기 때문이다. 물론 맥락을 만드는 이런 종류의 작업이 혼돈에게 구멍을 뚫어 주는 것과 비슷한 오류를 저지르는 것일지도 모른다. 그러나 다른 한편으로 『장자』의 가장 큰 특징이 '이야기'라는 점에 주목한다면 이런 식의 스토리텔링 역시 가능한 게 아닐까? 이 책은 다시 쓰는 '장자 이야기'이다.

북쪽 깊은 바다에 물고기 한 마리가 살았습니다.
이름을 곤鯤이라 합니다.
그 크기가 몇 천 리나 되는지 알 수가 없습니다.
곤은 변하여 새가 됩니다.
이름을 붕鵬이라 합니다.
그 등 길이도 몇 천 리나 되는지 알 수가 없습니다.
힘차게 날아올라 날개를 펴면
하늘을 뒤덮은 구름 같았습니다.
붕은 바다가 크게 출렁이면
남쪽 검푸른 바다로 날아가기 시작합니다.
그곳이 바로 천지天池입니다.

— 소요유

낭송Q 큰글자책 시리즈
제자백가편
낭송 장자

1부
나는 장자다

1-1.
가난한 것이지 고달픈 것이 아니오

장자가 누덕누덕 기운 거친 베옷을 입고, 삼끈으로 얽어 맨 신발을 신은 채 위魏나라 왕의 앞을 지나갔습니다.

왕이 보고 물었습니다.

"선생은 어찌 이리 고달픈 모습입니까?"

장자가 대답했습니다.

"가난한 것이지 고달픈 것이 아닙니다. 선비가 타고난 덕德과 도道대로 살지 못하는 것이 고달픈 것입니다. 옷이 해지고 신발에 구멍이 난 것은 가난한 것이지 고달픈 것이 아닙니다. 단지 때를 만나지 못한 것일 뿐이지요.

왕께서는 나무를 타고 다니는 원숭이를 보지 못하셨습니까? 굴거리나무, 가래나무, 녹나무처럼 단단

한 나무를 탈 때는 가지를 휘감고 다니면서 의기양양합니다. 예羿나 봉몽逢蒙 같은 활의 명수라도 겨냥조차 할 수 없습니다. 그러나 산뽕나무, 가시나무, 탱자나무처럼 가시 많은 나무를 탈 때는 위태롭게 다니며 이리저리 살펴보고 두려움에 부들부들 떱니다. 이는 원숭이의 근육과 뼈가 유연성을 잃었기 때문이 아니라, 있는 곳이 불편하여 자신의 능력을 충분히 발휘할 수 없기 때문입니다. 지금같이 어리석은 군주와 세상을 어지럽히는 신하들 사이에 있으면서 고달프지 않기를 바라는 것이 어찌 가능하겠습니까?"_산목

1-2.
한 모금의 물이 필요할 따름이에요

장자는 가난했습니다. 그래서 감하후監河侯에게 양식을 빌리러 갔습니다.

감하후가 말했습니다.

"좋습니다. 머지않아 세금을 거두면 선생님께 삼백 냥을 빌려드리겠습니다. 그러면 되겠습니까?"

장자는 화가 나서 얼굴을 붉히며 말했습니다.

"어제 여기에 오는 길에 누군가 저를 불렀습니다. 돌아보니 수레바퀴 자국 안에 붕어가 있었습니다. '붕어야, 왜 그러니?' 붕어가 대답했습니다. '저는 동해 바다 파도에서 살던 작은 놈입니다. 물 한 모금만 주시면 저를 살릴 수 있습니다.' 제가 말했습니다. '좋다. 내가 조만간 남쪽 오나라와 월나라 왕을 만나러 가는데 그때 서강西江의 물길을 터서 너를 맞이하도록 해주지. 그러면 되겠느냐?' 붕어는 화가 나서 얼굴을 붉히며 말하더군요. '지금 저는 늘 함께 살던 물을 잃어버렸어요. 있을 곳이 없어요. 물 한 모금만 있으면 됩니다. 그런데 이렇게 말씀하시니 차라리 건어물 가게에서 저를 찾으시는 게 더 낫겠습니다.'"-외물

1-3.
그댄 왕의 종기나 빨아 주시게

송宋나라에 조상曹商이라는 사람이 있었습니다. 송나라 왕을 위해 진秦나라에 사신으로 갔습니다. 떠날 때에는 수레 몇 대였지만 진나라 왕이 그를 좋아하여 수레 백 대를 더 주었습니다. 그가 송나라로 돌아와 장자에게 말했습니다.

"비좁고 더러운 골목에서 살면서, 짚신이나 삼아 겨우 입에 풀칠하고, 야윌 대로 야위어서 얼굴이 누렇게 뜬 채로 사는 일에는 제가 소질이 없습니다. 그보다는 단번에 만승萬乘의 군주를 깨우쳐서 백 대의 수레를 거느리는 일에 능숙하지요."

장자가 말했습니다.

"진나라 왕은 병이 나서 의사를 부르면, 등의 종기를 터뜨려 고름을 짜내 준 자에게 수레 한 대를 주고, 항

문의 종기를 터뜨려 고름을 빨아 준 자에게 수레 다
섯 대를 준다더군. 치료하는 곳이 아래로 내려갈수록
수레를 더 많이 준다는 게야. 혹시 자네가 항문의 종
기라도 빨아 주었는가? 어찌 그리 수레를 많이 받았
는가? 그만 가시게." _열어구

1-4.
나는 썩은 쥐는 먹지 않는다네

혜시가 양梁나라의 재상으로 있을 때입니다. 어느 날 장자가 그를 만나러 길을 나섰습니다. 어떤 사람이 혜시에게 말했습니다. "장자가 오면 당신의 재상 자리를 차지하려 할 것입니다."

이 소리에 깜짝 놀란 혜시는 장자를 찾으려고 사흘 밤낮으로 나라를 뒤졌습니다.

그런 차에 장자가 혜시를 찾아가 말했습니다.

"남쪽에 원추鵷鶵라는 이름의 새가 있지. 자네 혹시 아는가? 그 원추는 남해에서 출발하면 북해까지 날아가는데, 오동나무가 아니면 머물지 않고, 대나무 열매가 아니면 먹지 않으며, 달고 맑은 샘물이 아니면 마시지 않는다네. 그런데 썩은 쥐 한 마리를 갖고 있던 솔개가 원추가 지나가는 것을 올려다보고 깜짝

놀라 '꺅' 하고 소리를 질렀다네. 지금 자네는 양나라
재상 자리를 가지고 나에게 '꺅' 하고 소리를 지르는
겐가?"_추수

1-5.
혜시는 나의 멋진 친구였다

장자가 혜시의 무덤 앞에서 따르던 제자에게 말했습니다.

"어떤 미장이가 있었다. 자기 코끝에 회반죽을 파리 날개만큼 얇게 바르더니 친구인 목수 석石에게 깎아 내게 했다. 석은 도끼를 획획 휘둘러서 회반죽을 깎아 냈는데, 미장이의 코끝 하나 건드리지 않았다. 미장이 역시 꼼짝 않고 서서 낯빛 하나 바꾸지 않았다. 송나라 왕이 그 이야기를 듣고 목수 석을 불러 '나에게도 한번 해보이거라'고 했다. 그러자 석이 말했다. '예전에는 그렇게 할 수 있었지만 지금은 그렇게 할 수 있었던 상대가 죽고 없습니다.' 혜시가 죽은 이후, 나 역시 상대를 잃었다. 같이 이야기할 사람이 없구나."_서무귀

1-6.
비단 옷과 맛있는 음식이
무슨 소용이겠는가

어느 왕이 장자를 초청하려고 사신을 보냈습니다. 장
자가 사신에게 말했습니다.

"당신은 제사 때 제물로 바쳐지는 소를 본 적이 있지
요? 아름답게 수놓은 옷을 입고, 맛있는 여물과 콩을
먹습니다. 그러나 사당에 끌려 들어갈 때가 되어 아
무리 여느 소가 되고 싶다 한들 그것이 가능하겠습니
까?"_ 열어구

1-7.
차라리 진흙탕에서 뒹굴고 살겠네

장자가 복수濮水라는 강에서 낚시질을 하고 있었습니
다. 초나라 왕이 대부大夫 두 사람을 보내 자신의 말을
전했습니다.
"부디 나라 일을 맡아 주십시오."
장자는 낚싯대를 쥔 채 돌아보지도 않고 말했습니다.
"내가 듣자니 초나라에 신령스러운 거북이가 있는데
죽은 지 삼천 년이나 되었다지요. 왕이 보자기에 싸
고 상자에 넣어 사당에 잘 모셔두었다 하더군요. 이
거북이는 죽어서 뼈만 남아 귀해지고자 했을까요?
아니면 살아남아 진흙 속에서 꼬리를 끌며 마음대로
다니고자 했을까요?"
두 대부가 대답했습니다.
"물론 살아남아 진흙 속에서 꼬리를 끌며 마음대로

"부디 나라 일을 맡아 주십시오."

장자는 낚싯대를 쥔 채 돌아보지도 않고 말했습니다.

"니가 듣자니 초나라에 신령스러운 거북이가 있는데 죽은 지 삼천 년이나 되었다지요. 왕이 보자기에 싸고 상자에 넣어 사당에 잘 모셔두었다 하더군요. 이 거북이는 죽어서 뼈만 남아 귀해지고자 했을까요? 아니면 살아남아 진흙 속에서 꼬리를 끌며 마음대로 다니고자 했을까요?"

두 대부가 대답했습니다.

"물론 살아남아 진흙 속에서 꼬리를 끌며 마음대로

다니고자 했겠지요."
장자가 말했습니다.
"돌아가세요. 나도 진흙 속에서 꼬리를 끌며 마음대
로 다니렵니다." _ 추수

1-8.
삶과 죽음은 계절의 변화와 같은 것!

장자의 아내가 죽었습니다. 혜시가 문상을 갔습니다. 장자는 다리를 쭉 뻗고 앉아 동이를 두드리며 노래를 부르고 있었습니다.

혜시가 말했습니다.

"같이 살면서 자식을 키우고, 함께 늙어가다 아내가 먼저 죽었네. 울지 않는 것도 무정한 노릇인데, 동이를 두드리며 노래를 부르다니 너무 심하지 않은가?"

장자가 대답했습니다.

"그렇지 않네. 이 사람이 막 죽었을 때 나라고 어찌 슬프지 않았겠는가. 그런데 삶의 시작을 가만히 생각해 보니 본디 생명은 없었어. 단지 생명이 없었을 뿐 아니라 본디 형체도 없었어. 단지 형체가 없었을 뿐 아니라 본디 기(氣)조차 없었어. 무언가 알 수 없는 것이 저절로 혼합되어 기로 변하고, 기가 변하여 형체가 되고, 형체가 변하여 생명이 되었다가, 지금 다시 변해 죽음으로 돌아간 것이야. 이것은 봄, 여름, 가을, 겨울 사계절의 변화와 같은 것이지. 이 사람은 이제 천지라는 큰 집에서 편안히 쉬고 있을 뿐이네. 그럼에도 내가 '아이고, 아이고' 하며 울부짖는다면 운명[命]에 통달하지 못했기 때문이겠지. 그래서 그쳤다네."_지락

1-9.
하늘과 땅 모두가 나의 널이다

장자에게 죽음이 임박하자 제자들은 스승의 장례를
후하게 치르고 싶어 했습니다.

장자가 말했습니다.

"나는 하늘과 땅을 널로 삼고, 해와 달을 행렬의 장식
옥玉으로 삼고, 별들을 죽은 자의 입에 물리는 구슬로
삼고, 이 세상 만물을 저승길의 선물로 삼으련다. 나
의 장례용품이 이미 다 갖추어져 있는데 무엇을 여기
에 덧붙이겠는가?"

제자들이 말했습니다.

"저희들은 까마귀나 솔개가 선생님의 시신을 쪼아
먹을까 두렵습니다."

장자가 말했습니다.

"땅 위에 있으면 까마귀나 솔개 밥이 되고, 땅 아래

있으면 땅강아지나 개미의 밥이 된다. 저쪽에서 빼
앗아 이쪽에다 주는 꼴이니 어찌 불공평하지 않겠느
냐?"_열어구

낭송Q 큰글자책 시리즈
제자백가편
낭송 장자

2부
고달픈 세상

2-1.
이 세상 모든 것은 연루되어 있다

장자가 조릉雕陵의 울타리 주변을 거닐다가 이상한 까치 한 마리가 남쪽에서 날아오는 것을 보았습니다. 날개가 일곱 자나 되고 눈이 한 치나 되었습니다. 그 까치는 장자의 이마를 건드리며 날아가 밤나무 숲에 내려앉았습니다.

장자가 중얼거렸습니다. "무슨 새가 이렇지? 날개가 큰데 멀리 날지 못하고, 눈이 큰데 잘 보지 못하네." 그는 옷자락을 걷어붙이고 재빨리 걸어가서, 시위를 당겨 화살을 겨누었습니다. 그때 매미 한 마리가 눈에 띄었습니다. 매미는 시원한 그늘 아래에서 자기를 잊은 듯 울고 있었습니다[忘其身]. 그런데 사마귀 한 마리가 커다란 앞발을 들고 그 매미를 노리고 있었습니다. 사마귀는 먹잇감에 정신이 팔려 자기가 드러나는 것도 잊고 있었습니다[忘其形]. 이상한 까치는 바로 이 사마귀를 잡으려 했던 겁니다. 그런데 까치 역시 먹잇감에 정신이 팔려 자기의 본래 모습을 잊고 있었습니다[忘其眞].

이것을 본 장자는 소스라치며, "아! 사물들은 본래 서로 연루되어 있구나. 이로움과 해로움은 서로를 불러들이는구나!"라고 중얼거렸습니다. 그는 활을 버리고 몸을 돌려 달아났습니다. 그러자 밤나무 숲의 관리가 쫓아 나와 그에게 욕을 해댔습니다.

장자는 돌아와서 석 달 동안 뜰에도 나가지 않았습니다. 제자인 인저藺且가 물었습니다. "선생님, 무슨 일이 있으신지요?"

장자가 말했습니다.

"나는 외물[形]에 정신이 팔려 내 자신[身]을 잊고 있었다. 흐린 물을 보다 보니 맑은 못을 몰라 본 것이지. 스승님께서 '세속에 들어가면 세속을 따르게 된다'고 말씀하신 적이 있다. 지금 나는 조릉에서 거닐다가 나 자신을 잊었고, 이상한 까치가 내 이마를 건드리자 밤나무 숲까지 따라 들어가 나의 본래 모습[眞]을 잊었다. 그러다 숲의 관리로부터 욕까지 먹은 것이지. 그래서 나는 두문불출하고 있는 중이다." – 산목

2-2.
명분이 세상을 바로잡을까? 〔심재 우화 ①〕

안회가 공자에게 길을 떠나겠다고 했습니다.

"어디로 가려느냐?"

"위나라로 가려 합니다."

"그곳에 가서 무엇을 하려느냐?"

"지금 위나라의 왕은 나이가 어려 혈기방장한 데다 독선적이어서 전횡을 일삼습니다. 제멋대로 나라를 다스리면서도 자신의 허물을 되돌아볼 줄 모릅니다. 함부로 백성들을 전쟁으로 내몰아 죽은 사람이 헤아릴 수 없을 정도로 많다고 합니다. 논밭과 늪지가 초토화되어 백성들은 더 이상 갈 곳이 없는 궁지에 빠졌습니다.

그동안 스승님은 '잘 다스려지는 나라를 떠나 어지러운 나라로 가야 한다. 의원의 집에는 병자가 많은 법이다'라고 말씀하셨습니다. 이제 저는 그 말씀을 따르려고 합니다. 그렇게 되면 위나라가 다시 나아지지 않을까요?"

공자가 말했습니다.

"아! 그곳에 가면 너는 결국 죽게 될 것이다. 도道란 번잡한 것이 아니다. 번잡하면 마음이 여러 갈래로 나뉘고, 여러 갈래로 나뉘면 흔들리고, 흔들리면 불안해지고, 불안해지면 다른 사람을 구할 수 없다. 옛날 지인至人은 자기 안에 도를 갖춘 후 다른 사람도 갖추게 했다. 자기 안에 도를 갖추지도 못한 채 어느 겨를에 난폭한 자를 바로잡을 수 있겠느냐? 더구나 너는 타고난 덕이 어떻게 사라지고 분별하는 지식이 어떻게 생겨나는지 아느냐? 타고난 덕은 명분 때문에 사라지고 분별하는 지식은 다툼 때문에 생겨난다. 즉 명분은 서로 다투는 것이고, 지식은 그것을 위한 무기일 뿐이다. 둘 다 흉기이니 사람이 닦아야 할 것이 아니다.

또한 너는 덕이 충실하고 행위가 성실하지만 아직 다른 사람의 기분을 잘 알지 못한다. 명분을 다투지는 않지만 다른 사람의 마음을 잘 알지 못한다. 그런데도 난폭한 사람 앞에서 인의仁義와 법도[繩墨]를 이야기하는 것은, 그 사람의 악덕을 드러내 자신의 미덕을 과시하려는 데에 불과하다. 이런 사람은 '재앙을 부르는 사람'이다. 남에게 재앙을 끼치면 반대로 남도 너에게 재앙을 끼친다. 너는 틀림없이 재앙을 당할 것이다. 또 만약 위나라 왕이 정말 훌륭한 사람을 좋아하고 어리석은 사람을 싫어한다면, 새삼스레 너를 등용하여 다른 일을 할 까닭이 있겠느냐?

너는 아무 말도 하지 말아야 할 것이다. 만약 말을 하면 왕은 자신의 권위로 네 말에 꼬투리를 잡아 너를 이겨먹으려 할 것이다. 그러면 네 눈은 동요하고, 낯빛은 질리고, 입은 횡설수설하고, 태도는 오락가락하여 결국 그가 하자는 대로 하게 될 것이다. 이것은 불을 불로 끄고, 물을 물로 막겠다는 것. 이를 일러 '불난집에 부채질'[益多]이라 한다. 말로 시작하면 끝이 없다. 상대방의 신임도 받지 못한 채 장황한 말만 반복하다가 반드시 그 난폭한 사람에게 죽게 될 것이다.

옛날 걸桀왕은 관용봉關龍逢을 죽이고, 주紂왕은 왕자 비간比干을 죽였다. 이 둘 모두는 자신을 잘 닦아 그것으로 백성을 위무했으나 신하로서는 왕의 뜻을 거스른 셈이었다. 그들의 훌륭한 인격이 그들 죽음의 빌미가 되었으니 이 둘 모두 명분을 중요하게 여겼기 때문이다.

옛날 요堯임금은 총叢·지枝·서오胥敖를 치고, 우禹임금

은 유호有扈를 쳤다. 그 땅은 모두 황무지가 되고, 그 땅의 왕들은 모두 죽었다. 이들 나라가 끝없이 군사를 동원하고 실리를 추구했기 때문이다. 이들은 모두 명분이나 실리를 좇았다. 너도 들었겠지만 명분이나 실리는 성인도 물리치기 힘든 법이다. 어찌 네가 할 수 있겠는가?" _ 인간세

2-3.
안회야, 네 도는 너무 복잡하다 〔심재 우화 ②〕

(공자는 안회에게 위나라의 무도한 군주에게로 가서 어찌 처신할 것인지를 묻는다.)

안회가 말했습니다.

"태도를 단정히 하고 마음을 비우며, 힘써 노력해서 오로지 한결같으면 괜찮을까요?"

공자가 대답했습니다.

"아! 어찌 괜찮겠느냐? 위나라 왕은 기운이 뻗치고 변덕이 죽 끓듯 한다. 자기를 거스르는 것을 참지 못하고, 다른 사람의 감정은 아랑곳하지 않으며, 내키는 대로 행동해야 직성이 풀린다. 위왕은 이처럼 매일 조금씩 닦는 작은 덕도 이루지 못한다. 하물며 그에게 큰 덕을 바랄 수 있겠느냐? 고집이 세서 다른 사람의 말을 듣지 않을 게다. 겉으론 듣는 척 해도 속으론 거들떠보지도 않을 텐데 어찌 괜찮겠느냐?”

안회가 다시 말했습니다.

“그러면 안으로는 곧지만 겉으로는 굽히며, 말을 할 때엔 옛사람의 가르침에 의지하도록 하겠습니다.

안으로 곧게 하는 자는 하늘과 동료가 됩니다. 하늘과 동료가 된 자는 천자나 자기들이나 모두 하늘의 자식이라는 것을 압니다. 그러니 다른 사람이 자신의 말을 좋게 듣든 나쁘게 듣든 개의치 않습니다. 이런 사람을 세상에선 어린아이라고 합니다. 이런 어린아이가 바로 하늘의 동료입니다.

겉으로 굽히는 자는 사람들과 동료가 됩니다. 홀笏을 높이 들고 꿇어앉아 몸을 굽히고 절하는 것은 신하의 예절입니다. 사람들 모두 그렇게 하는데 제가 그러지 않을 수 있겠습니까? 사람들이 하는 대로 하면 저를 비방할 리 없습니다. 이것이 사람들과 동료가 된다는 것입니다.

말을 할 때 옛사람의 가르침에 의지하는 자는 옛사람과 동료가 됩니다. 가르침을 빌려 실상은 상대를 꾸짖는 것이지만 그것은 옛사람의 말이지 제 말은 아닙니다. 이렇게 하면 옳은 말을 해도 화를 입을 일이 없습니다. 이것이 옛사람과 동료가 된다는 것입니다.

그러니 이렇게 하면 괜찮겠습니까?"

공자가 대답했습니다.

"아! 너무 복잡하다. 법도에 맞고 치우치지는 않았으
니 고루해도 비난받지는 않겠다. 그러나 그뿐이다.
그것으로 어떻게 상대를 감화시키겠느냐? 넌 여전히
자기 마음을 지주로 삼고 있구나."_ 인간세

2-4.
마음의 재계心齋[심재 우화 ③]

공자가 안회에게 말했습니다.

"재계齋戒하라. 덧붙여, 강조하는 데 분별심을 그대로 지닌 채 하면 쉽게 되지 않을 것이다. 그런 것은 하늘이 마땅치 않게 여길 것이야."

안회가 말했습니다.

"저는 가난합니다. 술이나 맛있는 음식을 먹지 못한 지 여러 달 되었습니다. 그렇다면 이미 재계하고 있는 게 아닐까요?"

공자가 다시 말하였습니다.

"그런 것은 제사 때의 재계이지, 마음의 재계[心齋]가 아니다."

안회가 말했습니다.

"부디 마음의 재계가 무엇인지 가르쳐 주십시오."

공자가 대답했습니다.

"여러 갈래의 마음을 하나로 모아, 귀로 듣지 말고 마음으로 들어라. 나아가 마음으로 듣지 말고 기氣로 들어라. 귀는 소리를 듣는 데서 멈추고 마음은 인상을 받아들이는 데서 그쳐라. 그렇게 하면 기는 텅 비어[虛] 모든 사물에 부응한다. 도道는 오직 텅 빈 것에서 실현되는데, 이 텅 비게 하는 것이 마음의 재계이다."

안회가 말했습니다.

"마음의 재계를 실천하기 전에는 제 자신이 있었습니다. 그러나 마음의 재계 이후엔 제가 없어졌습니다. 이것이 텅 비우는 것입니까?"

공자가 말했습니다.

"그렇다. 내 말을 들어 보렴. 위나라의 울타리에 들어가 놀더라도 명분[名] 따위에 흔들리지 말아라. 들어 주거든 말하고 들어 주지 않거든 그쳐라. 문을 세우지도 말고 담을 쌓지도 말며, 마음을 한결같게 하여 그냥 그대로의 흐름[不得已]에 맡겨라. 이게 최선이다. 걷지 않기란 쉽지만 걸으면서 흔적을 남기지 않기란 어렵다. 인간사에 끌려다니면 거짓을 저지르기 쉽고, 자연의 이치에 따라 살면 거짓을 저지르기 어렵다. 날개가 있어 난다는 말은 들었겠지만, 날개 없이 난다는 말은 듣지 못했을 것이다. 지각작용이 있어 안다는 말은 들어 보았겠지만 지각작용이 없이 안다는 말은 들어 보지 못했을 것이다.

그러나 저 빈 것을 보아라. 텅 빈 방이 홀연히 빛나고 상서로움이 고요함 속에 깃든다. 그러나 고요함이 깨지면 '앉아서도 내달린다'[坐馳]. 보고 듣되 마음으로 통하게 하고, 나아가 마음의 분별심에서도 벗어나라. 그러면 귀신도 들어와 머문다. 하물며 사람이 찾아오는 일쯤이야. 이것이 만물의 변화에 대응하는 것이다."_인간세

2-5.
일이 되어 가는 대로 두면서
마음을 놀게 하라

섭葉나라 공자 자고子高가 제나라에 사신으로 가게 되자 공자에게 하소연했습니다.

"왕께서 내리신 임무가 막중합니다. 제나라에서는 사신을 정중하게 대접하지만 일을 빨리 처리해 주지는 않습니다. 보통사람을 움직이기도 어려운데 하물며 제후를 어떻게 하겠습니까? 매우 두렵습니다.

예전에 선생님께서 저에게 말해 주셨습니다. '크든 작든 도에 의존하지 않고 성사되는 일은 없다. 성사되지 않으면 세상의 법으로 처벌받을 것이고, 성사된다 해도 노심초사로 인한 병에 걸리게 될 것이다. 일이 되든 되지 않든 괴로움에 빠지지 않는 사람은 오로지 덕을 지닌 사람뿐이다.'

저는 소박한 음식을 먹기 때문에 부엌에서 불을 많이

쓰지 않습니다. 더울 일이 없습니다. 그런데도 오늘 왕명을 받고 하루 종일 얼음물을 들이켰습니다. 아무래도 몸에 열이 있는 것 같습니다. 아직 일이 닥치지도 않았는데 노심초사로 병이 생겼습니다. 게다가 일을 성사시키지 못하면 세상의 법으로 처벌까지 받겠지요. 이중의 재앙이 한꺼번에 닥친 셈입니다. 부족한 저로서는 감당하기 힘듭니다. 가야 할지 말아야 할지, 어찌해야 할지 가르쳐 주십시오."

공자가 대답했습니다.

"세상에 지켜야 할 것이 두 가지 있습니다. 하나는 운명[命]이고 또 하나는 의리[義]입니다. 자식이 부모를 모시는 것은 운명으로, 마음에서 지울 수 없는 것입니다. 신하가 군주를 섬기는 것은, 의리로 어디에도 왕이 없는 곳은 없습니다. 피할 수 없는 이 두 가지가 세상에서 크게 지켜야 할 것입니다.

부모를 모실 때 처지를 따지지 말고 편안하게 해드려야 합니다. 이것이 최고의 효도입니다. 군주를 섬길 때 상황을 따지지 말고 편안하게 받들어야 합니다. 이것이 최상의 충성입니다. 자기의 마음을 그것에만 집중하면 슬픔과 기쁨에 흔들리지 않습니다. 피할 수 없다는 것을 선선히 받아들이는 것, 이것이 최고의 덕德입니다.

신하나 자식의 입장에서 피할 수 없는 상황이 있게 마련입니다. 벌어진 그 상황에 집중하면 자신을 잊게 됩니다. 그러니 삶을 기뻐하고 죽음을 싫어할 겨를이 있겠습니까? 이런 마음으로 가십시오."

이어 공자가 말했습니다.

"가까운 나라는 신의로 사귀고, 먼 나라는 진실한 말로 사귑니다. 말은 전달하는 사람이 있어야 합니다. 양쪽 모두 기뻐하거나 양쪽 모두 노여워할 말을 전하기란 어려운 일입니다. 양쪽 모두를 기쁘게 하려면 입에 발린 말을 많이 해야 하고, 양쪽 모두를 노여워하게 하려면 헐뜯는 말을 많이 해야 합니다. 둘 다 진실한 말이 아닙니다. 진실이 아닌 말이 믿음을 줄 수는 없습니다. 믿음을 주지 못하면 말을 전달하는 사람이 화를 입습니다. 그래서 '있는 그대로 전하고 보태지 않으면 온전할 수 있다'는 말이 있는 것입니다. 또 재주[巧]로 능력을 보이려는 자는 처음에 승승장구해도 결국엔 집니다. 기어이 이기겠다고 술수[奇巧]를 쓰기 때문입니다. 예의에 맞게 술을 마시려는 자는 처음에 절도를 지켜도 나중엔 난잡해집니다. 기어이 즐기겠다고 쾌락[奇樂]을 좇기 때문입니다. 인간의 일이란 늘 이렇습니다. 당당하게 시작해도 비루하게 끝납니다. 시작은 간결해도 점차 일이 복잡하게 꼬이고 커져 버립니다.

말은 바람이나 물결 같습니다. 행위에는 성공과 실패가 있습니다. 물결 같은 말은 변하기 쉽고, 성공과 실패는 인간을 위태롭게 만듭니다. 만약 어느 쪽 왕이라도 일단 화를 내면 어떠한 수사나 달변으로도 달랠 수 없습니다. 죽음을 눈앞에 둔 짐승은 울부짖고 거친 숨을 몰아쉬며 사나운 마음을 일으킵니다. 이처럼 왕도 분노가 점차 격해지면, 좋지 못한 마음이 끓어오르는데, 스스로도 이유를 모릅니다. 그렇게 되면 어떤 일이 생길지 알 수가 없습니다.

그러므로 이런 격언이 있습니다. '군주의 명령을 바꾸지 마라. 무리하게 애쓰지 마라.' 너무 애쓰다 보면 과장하게 됩니다. 명령을 고쳐서라도 기어이 일을 성사시키려는 것은 위험합니다. 어떤 일도 긴 시간을 들여야 이루어집니다. 한번 잘못되면 고칠 수 없으니 조급해하지 말아야 합니다.

일이 되어 가게 두면서 마음을 놓게 하세요. 피할 수 없는 것을 받아들이고 '타고난 마음'[中]을 기르는 것이 최선입니다. 이리저리 너무 많이 따지지 마십시오. 있는 그대로 전하는 것이 가장 좋습니다. 이것이 뭐 그리 어렵겠습니까?" - 인간세

2-6.
상대가 아이가 되면
그대도 아이가 되세요

안합顔闔이 위나라 태자의 스승이 되자 거백옥蘧伯玉
에게 고민을 털어놓았습니다.

"여기 한 사람이 있습니다. 타고난 성품이 각박합니
다. 멋대로 하게 두면 나라가 위태로워지고, 규범을
강요하면 제가 위험해질 것입니다. 그의 지혜는 다른
사람의 잘못은 알아보지만 자신의 잘못은 보지 못합
니다. 이런 사람을 제가 어찌해야 할까요?"

거백옥이 대답했습니다.

"잘 물으셨습니다. 우선 조심하고 신중하게 처신하
십시오. 태도는 그를 따르고, 마음은 그와 화합하세
요. 그래도 어려움이 있습니다. 그를 따르되 완전히
그에게 빠지지 않게 하며, 마음으로 화합하되 그 마
음이 드러나지 않도록 해야 합니다. 그에게 완전히

빠지면 자기가 파괴되고 손상됩니다. 온화한 마음이 드러나면 명성이 생겨나 재앙을 초래하게 됩니다. 태자가 아이처럼 굴면 그대도 아이가 되세요. 스스럼없이 굴면 그대도 스스럼없이 대하세요. 멋대로 굴면 그대도 멋대로 행동하세요. 그렇게 통달하면 아무 일도 생기지 않을 것입니다."

계속해서 거백옥이 말했습니다.

"그대는 사마귀를 아시지요? 팔을 걷어붙이고 달려오는 수레에 맞선 사마귀는 자기가 그것을 감당할 수 없다는 것을 알지 못합니다. 자기의 재주가 뛰어나다고 믿기 때문입니다. 조심하고 신중하세요. 재주를 뽐내면서 상대에게 맞서는 짓은 위험합니다.

또 그대는 호랑이 사육사를 아시지요? 그는 호랑이에게 살아 있는 먹이를 주지 않습니다. 먹잇감을 죽이면서 호랑이가 사나워지기 때문입니다. 먹이를 통째로도 주지 않습니다. 물어뜯으면서 호랑이가 사나워지기 때문입니다.

그는 호랑이가 배고플 때와 배부를 때를 잘 살펴, 먹이를 적절하게 주면서 그것의 사나움을 달랩니다. 호랑이와 사람은 부류가 다른데도 호랑이가 사육사를 따르는 것은 사육사가 호랑이의 성질을 따르기 때문입니다. 호랑이가 사육사를 죽이는 것은 그가 호랑이의 성질을 거스르기 때문입니다.

말을 사랑하는 사람이 있었습니다. 광주리로 말똥을 받고, 대합껍질로 말오줌을 받아 낼 정도였습니다. 마침 모기가 말 등에 붙어 있는 것을 보고 그것을 쫓기 위해 말 등을 찰싹 쳤습니다. 그러자 놀란 말은 재갈을 부수고 주인의 머리를 들이박고 가슴을 찼습니다. 말을 사랑하는 마음이 지나쳐 말의 사랑을 잃었습니다. 신중하지 않을 수 없습니다." - 인간세

2-7.
오만한 원숭이

오나라 왕이 강을 건너 원숭이들이 사는 산에 올랐습니다. 원숭이들이 그를 보고 깜짝 놀라 울창한 숲속으로 달아났습니다. 그런데 어떤 원숭이 한 마리가 유유히 나무들 사이를 왔다갔다 하며, 보란 듯이 자기의 재주를 뽐냈습니다. 왕이 그놈에게 활을 쏘자 그놈은 잽싸게 피하면서 날아오는 화살을 잡아 버렸습니다. 왕은 따르던 신하들에게 명령하여 그놈에게 계속 활을 쏘게 했습니다. 결국 원숭이는 잡혀 죽었습니다.

왕은 친구인 안불의顔不疑를 돌아보며 말했습니다. "이놈은 자신의 재주를 뽐내고, 자신의 민첩함을 과신하여 오만방자하게 굴다가 이런 꼴을 당했네. 조심해야 하네. 그대도 교만한 낯빛으로 다른 사람에게 거만하게 구는 일이 없도록 하시게."

안불의는 집에 돌아오자 동오董梧를 스승으로 모시고 교만함을 없애고, 안락함을 버리고, 높은 지위에서 물러났습니다. 삼 년이 지나자 오나라 사람들이 모두 그를 칭송하였습니다._서무귀

2-8.
박색이 사랑받는 이유는

양자陽子가 송나라에 갔다가 여관에서 하룻밤 묵게 되었습니다. 여관 주인에게는 두 명의 첩이 있었습니다. 한 명은 아름다웠고, 다른 한 명은 못생겼습니다. 그런데 못생긴 쪽이 더 대접을 받고, 아름다운 쪽이 더 박대를 받고 있었습니다. 양자가 궁금해 그 까닭을 물었더니 여관 주인이 이렇게 대답했습니다.

"아름다운 여자는 스스로 아름답다고 여기니 예뻐 보이지 않더군요. 못생긴 여자는 스스로 못생겼다고 여기니 미워 보이지 않더군요."

그 말을 들은 양자가 말했습니다.

"제자들아, 기억해라. 어질게 행동하면서도 자신이 어질다고 생각하는 마음이 없다면, 어디에 간들 사랑받지 않겠느냐?"_산목

2-9.
빈 배와 다투는 사람은 없다

배를 타고 강을 건너는데 빈 배가 와서 부딪혔습니다. 아무리 성마른 사람이라도 화를 내지는 않습니다. 그러나 그 배에 한 사람이라도 타고 있다면 밀어라, 당겨라 고함을 칩니다. 한 번 고함 쳐도 듣지 않고, 두 번 고함 쳐도 듣지 않으면 세번째엔 욕을 퍼붓습니다.

앞의 경우에는 화내지 않았지만 뒤의 경우에는 화내는 이유는, 앞의 경우엔 빈 배였지만 뒤의 경우엔 누군가 타고 있었기 때문입니다. 사람도 빈 배처럼 자신을 비운 채 세상에서 노닌다면 누가 그를 해치겠습니까? _ 산목

2-10.
나는 쓸모없기를 바란다

목수 석石이 제나라로 가던 중 곡원曲轅이라는 곳에서 사당에 심어진 상수리나무를 보았습니다. 그 나무의 크기는 수천 마리 소에게 그늘을 제공할 정도여서, 둘레는 백 아름이나 되며 높이는 우뚝 솟구쳐 열 길 높이에 가지가 나 있는데, 그중 배를 만들 수 있는 게 수십 개나 되었습니다.

그 나무를 쳐다보는 구경꾼이 장터처럼 붐볐지만 석은 거들떠보지도 않고 가버렸습니다. 제자가 넋을 잃고 나무를 보다가 석을 쫓아와 물었습니다.

"제가 도끼를 들고 선생님을 따라다닌 이래 이렇게 훌륭한 나무는 본 적이 없습니다. 그런데 선생님은 거들떠보지도 않고, 가던 걸음을 멈추지도 않으시니 어찌된 일이십니까?"

석이 말했습니다.

"됐다. 그만두어라. 쓸모없는 나무다. 배를 만들면 가라앉고, 널을 짜면 금방 썩고, 그릇을 만들면 쉽게 부서지고, 문짝을 만들면 진액이 흐르고, 기둥을 만들면 좀이 슬 것이다. 재목감이 아니다. 그래서 저렇게 오래 살 수 있었던 것이다."

석이 집에 돌아와 잠을 자는데 사당의 상수리나무가 꿈에 나타났습니다.

"너는 나를 무엇과 비교하느냐? 쓸모 있는 훌륭한 나무들과 비교하느냐? 아가위나무, 배나무, 귤나무, 유자나무는 열매가 익으면 잡아 뜯기고 수난을 당한다. 큰 가지는 잘리고 작은 가지는 꺾인다. 자신의 능력 때문에 삶이 고통스러운 것이다. 그래서 타고난 수명을 다하지 못하고 중도에 요절한다. 세상의 공격을 자초한 셈이다. 만물 중 그렇지 않은 것은 없다.

나는 오랫동안 쓸모없기를 바랐다. 몇 번이나 죽을 뻔 하다가 이제 겨우 쓸모없게 되어서 그것이 큰 쓸모가 되었다. 만약 내가 쓸모가 있었다면 이처럼 클 수 있었겠느냐? 또한 너나 나나 모두 사물인데, 사물이 사물을 어떻게 평가한다는 말이냐? 너 역시 죽어가는 쓸모없는 사람. 어찌 나에게 쓸모없는 나무라 하느냐?"

석이 깨어나 그 꿈의 의미를 생각해 보았습니다.
제자가 물었습니다.
"쓸모없기를 바랐다면 왜 사당의 나무가 됐을까요?"
석이 대답했습니다.
"쉿, 쓸데없는 소리 마라. 그는 사당에 잠시 의탁하고
있을 뿐이다. 그런데 그를 제대로 알지도 못하는 사
람한테 이러쿵저러쿵 험담을 듣고 있구나. 사당의 나
무가 되지 않았다면 아마 잘렸을 게다. 그가 자신을
보전하는 방법은 보통의 나무들과 다르다. 그러니 겉
으로 드러난 의미로만 판단하면 사실과 너무 동떨어
지지 않겠느냐?" _ 인간세

2-11.
쓸모없음의 쓸모

산의 나무는 자기를 해치고
등불은 자기를 태웁니다.
계수나무는 먹을 수 있어 잘리고,
옻나무는 쓸모 있어 잘립니다.
세상 사람들 모두 '쓸모 있는 것의 쓸모'만 알고
'쓸모없는 것의 쓸모'는 모르고 있습니다. _ 인간세

2-12.
신인神人! 세상의 쓸모를 넘어선 자

남백자기南伯子綦가 상구商丘에 놀러 갔다가 큰 나무를 보았습니다. 그것은 아주 특이해서 네 마리 말이 끄는 수레 천 대가 그 나무 그늘에 모두 가려질 정도였습니다.

자기가 감탄했습니다. "이게 무슨 나무일까? 아주 특별한 재목감이 되겠군!"

그러나 고개를 들고 가지를 보니, 모두 꼬불꼬불한 게 마룻대나 들보감이 아니었습니다. 아래로 밑둥을 보니, 나무 심이 갈라진 게 널감도 아니었습니다. 잎사귀를 핥아 보니 너무 독해 입이 짓물러 상처가 났습니다. 냄새를 맡아 보니 너무 심해 사흘이 지나도 없어지지 않을 듯했습니다. 자기가 말했습니다.

"아, 이것은 재목감이 아니구나. 그래, 그러니까 이렇게 크게 자랄 수 있었던 거야. 아, 신인神人도 이와 같은 이치로 사는구나."

송나라 형씨荊氏라는 곳에 개오동나무, 잣나무, 뽕나무가 많이 자라고 있었습니다. 그런데 나무가 한 웅큼 굵기로 자라면 원숭이를 잡아 맬 말뚝을 구하는 자가 베어 갑니다. 서너 아름 굵기로 자라면 큰 집의 마룻감을 구하는 자가 베어 갑니다. 일고여덟 아름의 굵기로 자라면 귀족이나 부유한 장사꾼 집안에서 쓸 널감을 찾는 자가 베어갑니다. 그곳의 나무들은 천수를 누리지 못하고 중도에 도끼에 찍혀 요절하는 것이지요. 재목감이 되었기 때문에 당하는 수난입니다.

제사를 지낼 때, 이마에 흰 점이 박힌 소, 코가 위로 들려진 돼지, 치질이 있는 사람은 황하 신의 제물로 바쳐지지 않습니다. 무당들은 이것들이 상서롭지 못해 제물로 바쳐질 수 없다는 사실을 잘 알고 있습니다. 하지만 신인은 바로 이것, 상서롭지 못해 제물로 바쳐질 수 없다는 것을 가장 상서롭게 여깁니다.

_ 인간세

2-13.
꼽추가 세상을 사는 법

지리소支離疏라는 사람이 있습니다. 턱은 배꼽에 파묻혔고, 어깨는 정수리보다 높았으며, 상투만 달랑 하늘을 향해 있고, 창자는 위쪽으로 붙어 있으며, 넓적다리는 옆구리에 닿아 있는 몰골입니다.

하지만 삯바느질과 빨래를 통해 충분히 제 먹을 것을 벌었고, 남이 흘린 곡식을 주워 키질을 하면 열 식구도 먹여 살릴 수 있었습니다. 나라에서 병사를 징집할 때도 걱정 없이 팔을 걷어붙이고 돌아다녔고, 나라에서 큰 공사를 일으켜도 몸이 성치 않아 노역에 끌려가지 않았습니다. 더구나 나라에서 병자에게 곡식을 나눠 줄 때는 두 섬의 곡식과 열 단의 장작을 받았습니다.

이처럼 육체를 잊은 자[支離其形者]도 제 몸을 건사하

며 천수를 다하는데, 덕을 잊은 자[支離其德者]라면 더 말할 나위가 없지 않습니까? _ 인간세

2-14.
쓸모없음의 쓸모있음도 쓸모없다

장자가 산속을 거닐다가 가지와 잎이 무성한 큰 나무를 보았습니다. 그런데 나무꾼이 옆에서 보기만 할뿐 베려고 하지 않았습니다. 까닭을 물으니 나무꾼이 대답했습니다. "쓸모가 없습니다."

이 말을 듣고 장자가 중얼거렸습니다. "이 나무는 쓸모가 없어서 천수를 누리는구나."

장자가 산에서 내려와 옛 친구의 집에 들렀습니다. 친구는 반가워하며 하인에게 거위를 잡아 삶도록 시켰습니다. 그러자 하인이 물었습니다. "한 놈은 잘 울고 또 한 놈은 잘 울지 못합니다. 어느 놈을 잡을까요?" 주인이 대답했습니다. "잘 울지 못하는 놈을 잡아라."

이튿날 장자의 제자가 물었습니다.

"어제 산속의 나무는 쓸모가 없어서 천수를 누릴 수 있었는데, 친구 분의 거위는 쓸모가 없어서 죽었습니다. 선생님께서는 쓸모 있음과 쓸모없음, 그 두 가지 중에서 어디에 계시겠습니까?"

장자가 웃으면서 대답했습니다.

"나는 쓸모 있음과 쓸모없음 사이에 있겠다. 그러나 그 사이도 도道와 비슷할 뿐 아직 도는 아니어서, 거기서도 세상의 번뇌를 피할 수는 없다.

하지만 자연의 도와 덕을 따라 자유롭게 노닌다면 그렇지 않게 된다. 명예도 없고 비난도 없이, 한번은 용이 되고 한번은 뱀이 되어, 시절인연[時]에 따라 변할 뿐 한 가지만 고집하지 않는다. 한번은 올라가고 한번은 내려오며 조화[和]를 도량으로 삼는다. 만물의 시원에서 자유롭게 노닐면서 만물을 만물로 존재하게 하되 자신은 다른 사물에 의해 규정되지 않는다. 그러니 어찌 세상의 번뇌가 있을 수 있겠느냐? 이것이 신농씨와 황제가 추구했던 삶이다.

그러나 사물과 인간의 현실은 그렇지 않다. 합해지면 언젠가 나뉘고, 이루어지면 언젠가 무너지며, 모나면 언젠가 깎인다. 높은 자리에선 비난을 받고, 유능하면 공격을 받고, 현명하면 모함을 받고, 어리석으면 기만을 당한다. 어떻게 세상의 번뇌를 피할 수 있겠

느냐? 슬픈 일이다. 명심하거라. 인간이 의지할 것은
오직 자연의 도와 자연의 덕뿐이다."_산목

2-15.
미치광이 접여의 노래

공자가 초나라에 갔을 때입니다. 미치광이 접여[狂接輿]가 공자가 묵고 있는 집의 문 앞에서 서성이며 노래를 불렀습니다.

　"봉황이여, 봉황이여,
　어찌하여 그대의 덕이 쇠했는가.
　미래는 기약할 수 없고,
　지난날은 되잡을 수 없는 것.

　천하에 도가 있으면
　성인은 그것을 이루고
　천하에 도가 없으면
　성인은 그냥 살아갈 뿐이다.

지금 세상에선 생을 보전하기만 해도 다행.
복福은 깃털보다 가벼운데
잡는 사람이 드물고
화禍는 땅보다 무거운데
피하는 사람이 없구나.

아서라, 아서라
덕으로 사람을 대하는 것을.
위태롭고 위태롭다.
땅에 금 긋고 그 길로만 가는 것은.

가시나무여, 가시나무여
내 갈 길 막지 마라.
물러서고 돌아가려니
내 발을 상하게 하지 마라."

_ 인간세

낭송Q 큰글자책 시리즈
제자백가편
낭송 장자

3부
삶을 가꾸는 기예

3-1.
중도를 따라 살아간다면

우리의 삶에는 끝이 있지만 지식에는 끝이 없습니다. 끝이 있는 것으로 끝이 없는 것을 좇는 일은 위험합니다. 그러니 지식을 좇는다면 삶이 위태로워질 뿐입니다.

좋은 일을 해서 명성이 나는 것도, 나쁜 일을 해서 형벌을 받는 것도, 좋지 않습니다. 시비선악을 넘어 중도의 도를 지키면[緣督以爲經] 자기 자신을 지킬 수 있고, 삶을 온전히 할 수 있고, 부모를 잘 모실 수 있고, 천수를 누릴 수 있습니다._양생주

3-2.
산속의 도사도 호랑이에게 잡아먹힌다

전개지田開之가 주나라 위공威公을 만났을 때 일입니다. 위공이 물었습니다. "내가 들으니, 축신祝腎이 양생의 도를 배운다는데, 그대는 축신과 함께 있으면서 무슨 이야기를 들었는지요?"

전개지가 대답했습니다. "저는 빗자루를 들고 뜰이나 쓸면서 그분을 모실 뿐, 선생님께 별로 들은 게 없습니다."

위공이 다시 물었습니다. "너무 겸손해 말고 과인에게 이야기를 들려주시오."

전개지가 다시 대답했습니다. "선생님께서는 양생을 잘하려면 양을 기르듯 해야 한다, 뒤처지는 녀석을 무리로 다시 몰아넣어야 한다고 하셨습니다."

위공이 또다시 물었습니다. "무슨 뜻인가요?"

전개지가 대답했습니다.

"노나라에 선표單豹라는 사람이 있었습니다. 깊은 산 동굴에서 살면서 골짜기의 물만 마시고, 세속의 명예나 이익을 좇지 않았습니다. 일흔이 되어서도 갓난아이의 낯빛을 지니고 있었습니다. 그런데 불행히도 굶주린 호랑이를 만나 잡아먹혔습니다.

또 장의張毅라는 사람이 있었습니다. 그는 부잣집이든 가난한 집이든 어디든 좇아다니며 사람을 사귀었습니다. 그런데 나이 마흔에 열병에 걸려 죽고 말았습니다.

선표는 내면을 잘 길렀지만 외면을 호랑이에게 잡아먹혔고, 장의는 외면을 잘 길렀지만 내면을 병에게 침공 당했습니다. 이 두 사람 모두 뒤처지는 놈을 안으로 몰지 못했습니다.

공자께서도 '들어가더라도 너무 숨지 마라. 나서더라도 너무 드러내지 마라. 마른 나무처럼 무심히 그 중앙에 서라. 이 세 가지를 터득하면 이름이 지극해질 것이다'라고 하셨습니다." _ 달생

3-3.
술에 취하면 떨어져도 죽지 않아요

열자列子가 관윤關尹에게 물었습니다.

"지인至人은 물에서도 숨 막히지 않고, 불에서도 뜨겁지 않고, 만물을 내려다보는 높은 곳에 올라가도 두려움에 떨지 않는다면서요? 어떻게 하면 그렇게 될 수 있는지 가르쳐 주십시오."

관윤이 말했습니다.

"지인은 순수한 기氣를 지키기 때문이다. 그것은 사람들의 지혜, 기교, 용기 따위가 아니다. 앉아라. 말해 주마.

모든 사물은 모양, 소리, 색깔을 갖추고 있다. 그런 점에서 사물들은 차이가 없다. 어떤 것이 다른 것보다 더 우월하다고 할 수 있겠느냐? 그런 것들은 모두 외관상의 변화일 뿐이다. 모든 사물들은 형체가 아직

없는 곳에서 시작하여, 형체를 넘어서는 곳으로 돌아
간다. 이것을 남김없이 깨달은 자를 어떠한 사물이
막을 수 있겠느냐?

그런 사람은 자연의 법도에 의거하여, 변화의 근원과
한몸이 되어, 끝없이 펼쳐지는 변화 속에서 노닌다.
마음을 한결같게 하고, 순수한 기를 기르며, 덕을 자
연과 합치시켜 만물의 생성변화에 통달한다. 이렇게
되면 타고난 바탕이 온전히 지켜지고, 순수한 기에
어떤 것도 틈입하지 못한다. 물이나 불 따위가 어찌
그에게 침입하겠느냐?

술에 취한 자는 빨리 달리는 수레에서 떨어져도 죽
지 않는다. 뼈나 관절은 남들과 같아도 손상이 남들
과 다른 이유는 그 순수한 기가 온전히 보전되어 있
기 때문이다. 그 사람은 자신이 수레에 탄 것도 모르
고 수레에서 떨어진 것도 모른다. 그의 마음에 삶, 죽
음, 놀라움, 두려움이 끼어들지 않았다. 하여 수레에
서 떨어져도 두려움을 느끼지 않을 수 있었다. 술 때
문에 무심해져 순수한 기를 보전한 경우도 이 정도인
데, 타고난 자연의 순수한 기를 보전한다면 어찌 되
겠느냐?

성인은 자연에 몸을 감추고 있어 어떤 것도 그를 해
칠 수 없다. 이를테면 원수를 갚으려는 자도 원수의

막야莫邪나 간장干將 같은 명검名劍까지 미워하며 부러
뜨리지는 않는다. 성마른 사람도 바람결에 떨어진 기
왓장에게 화를 내지는 않는다. 이렇게 칼이나 기왓장
처럼 무심하게 되면 천하가 태평해질 것이다. 그러므
로 전쟁의 혼란도 사람을 죽이는 형벌도 없어지는 것
은 모두 이러한 도에 의해서이다.
사람들이 받드는 것을 펼치지 말고, 자연 그대로의
것을 펼쳐라. 자연 그대로의 것을 펼치면 덕이 생겨
나고, 사람들이 받드는 것을 펼치면 재난이 닥친다.
자연의 도를 막지 않고 인위의 재난을 삼간다면 백성
들도 참답게 살 수 있을 것이다."-달생

3-4.
포정해우, 어느 백정의 도道

한 백정[庖丁]이 문혜군文惠君을 위하여 소를 잡았습니다. 손으로 잡고, 어깨를 밀착하고, 발로 밟고, 무릎으로 누르면서 칼질을 하니 살점이 쓱쓱 떨어졌습니다. 쓱싹쓱싹 살이 갈라지는 그 소리가 마치 상림桑林의 무곡 탕임금 때의 악곡 이름 같았고, 나아가 경수經首의 음악 요임금 때의 악곡 이름 같았습니다.

문혜군이 말했습니다.

"아, 훌륭하구나. 기술이 어찌 이런 경지에 도달할 수 있다는 말인가?"

백정이 칼을 놓고 대답했습니다.

"제가 중요하게 생각하는 것은 도道입니다. 기술을 넘어선 것이지요. 처음 소를 잡을 때는 소가 통째로만 보였습니다. 삼 년이 지나자 소의 갈라야 할 부분이 보였습니다. 지금은 소를 눈으로 보지 않고 신묘한 기운[神]으로 대합니다. 감각기관은 활동을 멈추고 신묘한 기운이 움직이는 것이지요. 다시 말해 소의 자연스러운 결[天理]에 따라, 살과 뼈 사이의 빈틈에 칼을 넣어 움직이며, 원래 나 있는 길을 따라 나아가는 것입니다. 저는 뼈와 살이 엉겨 붙어 있는 곳을 무리하게 가르려고 한 적이 없습니다. 하물며 큰 뼈를 자르는 일이 있겠습니까?

솜씨 좋은 백정도 해마다 칼을 바꿉니다. 살을 베기 때문입니다. 평범한 백정은 달마다 칼을 바꿉니다. 뼈를 치기 때문입니다. 지금 제 칼은 십구 년이나 되었습니다. 그동안 소를 수천 마리나 잡았지만 이 칼은 막 숫돌에서 갈아낸 듯 예리합니다. 소의 뼈마디에는 틈이 있고 칼날은 더없이 얇아 두께가 없습니다. 두께 없는 것이 틈새로 들어가니 넓은 공간에서 칼이 자유자재로 놀고도 남는 것입니다. 이 때문에 십구 년이 지났어도 이 칼은 막 숫돌에서 갈아낸 듯 예리합니다.

그렇지만 여전히 뼈와 살이 엉겨 있는 곳에 이르면 긴장하며 조심하게 됩니다. 시선이 한곳에 집중되고 움직임은 느려지고 칼의 움직임은 미묘해집니다. 그러다 보면 마치 흙더미가 저절로 무너지듯 휙 하고

소가 해체되어 땅에 떨어집니다. 칼을 들고 일어서서
사방을 둘러보며 잠시 어리둥절하다가 비로소 일의
결과를 알아채고 흐뭇해하면서 칼을 잘 닦아 갈무리
합니다."
문혜군이 말했습니다.
"훌륭하구나. 나는 오늘 그대의 말을 듣고 '삶을 가꾸
는 기예'[養生]를 터득했노라."
_ 양생주

3-5.
꼽추 노인의 매미 잡기

공자가 초나라로 가던 길에 숲속을 지나가게 되었습니다. 그때 매미를 잡는 꼽추 노인 한 명을 보았는데, 매미를 줍듯이 잡고 있었습니다.

공자가 말했습니다. "재주가 대단하시군요. 무슨 비결이라도 있으십니까?"

꼽추 노인이 말했습니다.

"비결이 있지요. 대여섯 달 동안 장대 끝에 구슬 두 개를 포개 놓고 떨어뜨리지 않는 연습을 하면 매미를 못 잡는 경우가 줄어듭니다. 구슬 세 개를 포개 놓고 떨어뜨리지 않는 연습을 하면 매미를 못 잡는 경우는 열 번에 한 번입니다. 구슬 다섯 개를 포개 놓고 떨어뜨리지 않는 연습을 하면 매미 잡는 게 마치 매미 줍듯이 됩니다.

나는 그루터기처럼 몸을 꼼짝하지 않고, 마른 나뭇가지처럼 팔을 지탱한 채, 천지의 광대함이나 만물의 다양함도 아랑곳하지 않고 오로지 매미의 날개만을 지켜봅니다. 몸을 돌리지도 않고 팔을 기울이지도 않고 어떤 것과도 매미 날개를 바꾸지 않으니 어찌 매미를 잡지 못하겠습니까?"

공자가 제자들을 돌아보며 말하였습니다. "마음을 흩트리지 않으면 그 재주가 거의 귀신 같다고 하더니, 아마 이 꼽추 노인을 두고 하는 말인가 보다."

_ 달생

3-6.
목수 경의 악기걸이 만들기

목수 경慶이 나무를 깎아 악기를 걸어 놓는 거鐻를 만
들고 있었습니다. 거가 완성되자 구경하던 사람들이
놀라며 귀신의 솜씨라고 생각했습니다.

노나라의 왕이 이것을 보고 그에게 물었습니다.

"그대는 어떤 기술로 이것을 만들었는가?"

경이 대답했습니다.

"저는 단지 목수입니다. 특별한 기술이 있겠습니까?
다만 한 가지가 있기는 합니다. 제가 거를 만들 때는
기氣를 소모시키는 일은 절대 하지 않습니다. 반드시
재계齋戒하여 마음을 고요하게 합니다. 재계한 지 삼
일이 지나면 벼슬이나 봉록을 상으로 받겠다는 생각
이 없어집니다. 닷새가 지나면 훌륭한 작품으로 세상
의 칭송을 얻겠다는 생각도 사라집니다. 이레가 지나

면 제게 사지육신이 있다는 것조차 잊어버립니다. 이때가 되면 조정도 안중에서 없어지고 제 마음은 기술에 집중되어 어떤 것도 제 마음을 어지럽히지 못합니다. 그런 뒤 산에 가서 나무들 가운데 그 타고난 모습이 거를 만들기에 가장 좋은 것을 찾습니다. 그런 뒤 마음속으로 거를 한번 그려 보고, 그런 뒤 비로소 나무를 자릅니다. 그것이 되지 않으면 그만둡니다. 저의 타고난 기운과 나무의 타고난 모습을 일치시키는 것. 이 때문에 제가 만드는 거를 보고 사람들이 귀신의 솜씨라 하는 게 아닐까요?"_달생

3-7.
배 몰이의 달인

안회가 공자에게 물었습니다.

"제가 언젠가 상심觴深이란 깊고 넓은 못을 건넌 적이 있었습니다. 뱃사공의 배 모는 솜씨가 귀신 같았습니다. 그래서 제가 '배 모는 것도 배울 수 있는가?'라고 물었더니 그가 대답하더군요. '물론입니다. 헤엄 잘 치는 사람은 얼마 안 가 배웁니다. 잠수를 잘하는 자라면 배를 본 적이 없어도 배를 몰 수 있습니다.' 제가 무슨 뜻이냐고 물었지만 그는 아무 말도 하지 않았습니다. 스승님, 부디 그 뜻을 가르쳐 주십시오."

공자가 말했습니다.

"헤엄 잘 치는 사람이 얼마 안 가 배울 수 있는 이유는 그가 물을 잊었기 때문이다. 잠수를 잘하는 사람이 배를 본 적이 없어도 배를 몰 수 있는 이유는, 그가 연못을 언덕처럼 여기고, 배가 뒤집히는 것을 수레가 뒤로 미끄러져 내려가는 것처럼 여기기 때문이다. 뒤집히고 미끄러지는 등 수없는 일이 눈앞에 펼쳐져도 그의 마음은 동요하지 않는다. 이같이 되면 어떤 경우에도 여유를 잃지 않는다.

던지기 놀이를 할 때 기와 조각을 걸면 잘 맞추고, 혁대 고리를 걸면 약간 위축되고, 황금을 걸면 마음이 마구 흔들린다. 그의 솜씨는 언제나 같지만 아끼는 마음이 생기면 그것이 소중해져 마음을 뺏기기 때문이다. 외부 사물이 소중해지면 자기 마음은 졸렬해지는 법이다."_달생

3-8.
헤엄의 달인

공자가 여량呂梁을 유람했습니다. 삼십 길이나 되는 폭포 아래로 사십 리나 되는 급류가 흐르고 있었습니다. 물살이 너무 세어 큰 거북이나 악어, 물고기, 자라도 헤엄치기 힘든 곳이었습니다. 그런데 한 남자가 그곳에서 헤엄을 치고 있었습니다.

공자는 그 남자가 괴로운 일이 있어 죽으려는 사람인 줄 알고 제자에게 물길을 따라가 그를 구하라고 시켰습니다. 제자들이 그를 쫓아갔는데, 그 남자는 한참을 더 헤엄치더니 물에서 나와 젖은 머리를 풀어헤친 채 노래를 부르며 제방 주변을 어슬렁거렸습니다. 공자가 따라가 물었습니다.

"나는 그대를 귀신이라 생각했소. 자세히 보니 사람이구려. 물에서 그렇게 헤엄을 잘 치는 특별한 비결이라도 있는 것이오?"

그가 대답했습니다.

"없습니다. 비결 같은 것은 없습니다. 본래 타고난 것
[故]에서 시작해서 습성[性]으로 익숙해지며, 자연의
이치[命]에 따라 그렇게 된 것입니다. 그러므로 소용
돌이와 함께 물속으로 들어가고 솟아오르는 물결에
따라 물 위로 나옵니다. 물의 길[道]에 따를 뿐 사사로
이 그렇게 하는 것은 아닙니다. 그것이 제가 물에서
헤엄치는 방법입니다."

공자가 말했습니다.

"본래 타고난 곳에서 시작해서 습성으로 익숙해지
며, 자연의 이치에 따라 그렇게 된다는 것이 무슨 말
입니까?"

그가 대답했습니다.

"저는 뭍에서 태어났기 때문에 뭍에서 편안함을 느
낍니다. 그것이 본래 타고난 것입니다. 또 물에서 헤
엄치는 일에 익숙하기 때문에 물에서 편안함을 느낍
니다. 그것이 습성입니다. 그런데 제가 왜 그런지 그
이유를 모르니 그것이 자연의 이치입니다." _ 달생

3-9.
발을 잊는 것은 신발이 꼭 맞기 때문

명장 수倕가 손을 놀리면 그림쇠나 곱자로 그린 것보다 뛰어났습니다. 그의 손이 사물과 일체가 되어 저절로 움직이니 마음속으로 따지지 않아도 됩니다. 그래서 마음은 언제나 한결같고 막히지 않습니다. 발을 잊는 것은 신발이 꼭 맞기 때문이고, 허리를 잊는 것은 띠가 잘 맞기 때문입니다. 마찬가지로 시비를 잊는 것은 마음이 잘 맞기 때문입니다. 안으로 마음의 동요가 없고 밖으로 사물을 좇지 않는 것은 만나는 일마다 딱 맞아 편안하기 때문입니다. 잘 맞는 데에서 시작하여 잘 맞지 않은 일이 없게 되면 잘 맞는다는 것도 잊어버리게 됩니다. _달생

3-10.
삶을 가꾸는 위대한 기예, 아이 되기

남영주南榮趎가 노자에게 물었습니다.

"어떤 사람이 병에 걸렸는데, 마을 사람 하나가 문병을 갔더니, 그가 자신의 병에 대해 설명했습니다. 그런데 자신의 병을 병이라 말할 수 있다면 아직 병이 심한 것이 아닙니다. 하지만 제가 선생님께 대도大道에 대해 듣는다면 비유컨대 병도 모르면서 약을 먹어 병을 더 심하게 하는 것과 같습니다. 저는 다만 양생의 도[衛生之經]를 듣고 싶을 뿐입니다."

노자가 말했습니다.

"양생의 법은 자연의 도를 지키고, 그것을 잃지 않으며, 점으로 길흉 따위를 판단하지 않는 것이네. 또한 고요히 머물고 특별히 애쓰지 않으며, 다른 사람이 아니라 자기에게 집중하는 것이지. 홀가분하게 떠나고 무심하게 찾아오고, 마치 어린아이처럼 행동하면 되는 것일세.

아이는 종일 울어도 목이 쉬지 않지. 자연의 기운과 잘 조화되어 있기 때문일세. 또 종일 손아귀를 쥐고 있어도 손이 저리지 않아. 타고난 덕을 따르기 때문일세. 그리고 종일 눈을 뜨고 보고 있어도 눈을 깜빡이지 않아. 외부 사물에 집착하지 않기 때문일세. 어딘가 가도 어디로 가는지 알려 하지 않고, 어딘가에 있어도 무엇을 하고자 하는 생각 없이, 만나는 것마다 자연스럽게 어울려 물결치는 대로 함께 흐르지. 이것이 양생의 도일세."

남영주가 물었습니다.

"그럼 이것이 지인至人의 덕입니까?"

노자가 대답했습니다.

"아니네. 이것은 그저 얼음을 녹이는 자라면 누구라도 할 수 있네. 지인이란 만물과 얽혀 세상에서 살되, 자연의 도에서 즐기기를 바라지. 그래서 사람이나 사물의 이해관계로 다투지 않고, 특별한 일을 하지 않고, 도모하는 일도 없고, 인위적인 일을 하지 않고, 다만 홀가분하게 떠나고 무심하게 온다네. 내가 말한 것은 '양생의 도'네."

남영주가 다시 물었습니다.

"그럼 그것이 최고의 덕입니까?"

노자가 다시 대답했습니다.

"아직 충분치 않다네. 내가 좀 전에도 그대에게 아이처럼 되라고 했지 않은가? 아이는 몸을 움직여도 무엇을 하겠다는 생각이 없고, 어딘가 가도 어디로 가는지 알려 하지 않아. 몸은 마른 나무 같고 마음은 식은 재 같지. 이런 자는 화도 복도 찾아들지 않는 법일세. 화도 복도 없는데 어찌 인간세상의 재난을 당하겠는가?" _ 경상초

3-11.
오리의 다리를 늘이지 말고
학의 다리를 자르지 마라

가장 올바른 길을 가는 사람은 타고난 자연스러운 모습[性命之情]을 잃지 않습니다. 그래서 발가락이 붙어 있어도 '네 발가락'[騈拇]이라 하지 않고, 손가락이 더 있어도 '육손'[枝指]이라 하지 않습니다.

오리의 다리가 짧다고 길게 늘여 주면 오리는 괴로워하고, 학의 다리가 길다고 짧게 잘라 주면 학은 슬퍼합니다. 때문에 본래부터 긴 것은 자를 일이 아니고, 본래부터 짧은 것은 이어 줄 일이 아닙니다. 이것은 근심하고 두려워할 일이 아니니까요. _변무

3-12.
꿩이 새장에서 살고 싶어 할까요

공문헌公文軒이 전에 우사右師 벼슬을 했던 자를 보고
깜짝 놀라 물었습니다.

"이게 누군가? 어찌 외발이 되었는가? 하늘이 한 일
인가? 사람이 한 일인가?"

우사였던 자가 말했습니다.

"하늘이 정해 놓은 대로입니다. 사람의 잘못이 아닙
니다. 하늘이 나를 낳을 때 이렇게 외발이 되도록 하
신 게지요. 사람들은 모두 다른 모습으로 태어납니
다. 그러니 제가 외발이 된 것도 하늘이 정해 놓은 대
로이지 사람의 탓이라 생각하지 않습니다.

들꿩은 열 걸음 걸어야 모이 한 번 쪼고 백 걸음 걸어
야 물 한 모금 얻을 수 있습니다. 그래도 새장에서 길
러지기를 바라지 않습니다. 먹이를 찾는 수고로움이

야 없겠지만 자유롭게 살려는 본성에는 맞지 않기 때
문입니다.”_ 양생주

3-13.
바닷새의 죽음

옛날에 바닷새가 날아와 노나라 교외에 내려앉았습니다. 노나라 왕은 그 새를 맞이하여 종묘로 안내하고 잔치를 베풀었습니다. 순임금의 음악인 구소九韶를 연주하게 하고, 쇠고기·양고기·돼지고기가 다 갖춰진 최고의 음식상을 내왔습니다. 그러자 새는 눈을 동그랗게 뜨고 벌벌 떨면서 슬퍼하더니, 한 조각의 고기도 먹지 못하고 한 잔의 술도 마시지 못한 채 사흘 만에 죽어 버렸습니다.

이는 사람이 사람을 봉양하는 방법으로 새를 기르려 했지, 새에 맞는 방법으로 새를 기르지 않았기 때문입니다. 새에 맞는 방법으로 새를 기르려면, 새를 깊은 숲속에서 살게 하고, 물가를 거닐게 하며, 강이나 호수에서 헤엄치게 하고, 미꾸라지나 송사리를 잡아

먹게 하며, 무리를 따라 왔다갔다 하면서 자연스럽게
살게 해야 합니다. 새는 사람의 소리조차 듣기 싫어
하는데 어찌 시끌벅적한 음악을 견디겠습니까? _ 지락

3-14.
말을 죽인 말몰이꾼

동야직東野稷은 말을 잘 부렸습니다. 그는 위나라 장공莊公에게 자신의 솜씨를 선보였습니다. 그가 말을 부리자 말이 나아가고 후퇴하는 것이 먹줄을 친 직선 위를 가듯 곧았고, 말이 좌우로 도는 것이 그림쇠로 그린 원 위를 돌듯 정확했습니다. 장공은 그의 솜씨가 조보造父: 주나라 목왕시대의 말을 잘 몰았던 사람보다 낫다고 생각하고 그에게 거리를 한 바퀴 돌아오라고 하였습니다.

마침 안합顏闔이 조정에 나오다 동야직과 마주쳤습니다. 그리고 들어와 장공에게 이렇게 말했습니다. "동야직의 말은 곧 쓰러질 것입니다." 장공은 잠자코 아무 대꾸도 하지 않았습니다. 그런데 얼마 후 정말 말이 쓰러졌고 동야직만 돌아왔습니다.

장공이 안합에게 물었습니다. "그대는 이렇게 될 것을 어찌 알았는가?"

안합이 말했습니다. "그 말은 기력이 다했는데도 동야직은 계속 달리게 하더군요. 그래서 곧 쓰러질 것이라 말했던 것입니다." _달생

3-15.
백락이 말을 길들이면

말은 발굽으로 서리와 눈을 밟고, 털로 바람과 추위를 막습니다. 풀을 뜯고 물을 마시기도 하고, 발을 높이 들며 힘차게 뛰어다니기도 합니다. 이것이 말의 자연스러운 모습[眞性]이니 고대광실이 무슨 소용이겠습니까?

그런데 백락伯樂이라는 자가 나타나 "나는 말을 잘 다룬다"고 하면서 말 털을 지지고 굽을 깎고 인두로 낙인을 찍었습니다. 또 굴레를 씌우고 밧줄로 묶어 마구간에 줄줄이 묶어 놓았습니다. 이렇게 하자 열 마리 중 두세 마리가 죽었습니다.

또한 주리고 목마르게 하면서, 빨리 뛰게도 하고 갑자기 달리게도 하고, 보폭을 똑같이 하여 열 맞춰 걷게도 했습니다. 앞에서는 재갈과 가슴걸이로 끌어당겨 괴롭혔고, 뒤에서는 가죽이나 대나무 채찍으로 때려 위협했습니다. 이렇게 하자 말의 반 이상이 죽었습니다.

옹기장이는 "나는 흙을 잘 다룬다. 둥근 그릇을 만들면 그림쇠에 꼭 들어맞고, 네모난 그릇을 만들면 곱자에 꼭 들어맞는다"라고 합니다. 목수는 "나는 나무를 잘 다룬다. 둥글게 자르면 갈고리에 들어맞고 곧게 자르면 먹줄에 들어맞는다"라고 합니다. 그러나 흙이나 나무의 본성이 그림쇠, 곱자, 갈고리, 먹줄에 딱 들어맞기를 바라겠습니까? 그런데도 사람들은 오랫동안 백락은 말을 잘 다룬다고, 옹기장이와 목수는 흙과 나무를 잘 다룬다고 칭송합니다. _마제

3-16.
삶과 죽음 모두 자연의 순리입니다

노담老聃이 죽자 진일秦失이 문상을 가서 세 번 곡을
하고 나와 버렸습니다.

제자가 물었습니다.

"그분은 선생님의 친구가 아니십니까?"

진일이 대답했습니다.

"그렇다."

"그런데도 문상을 이렇게 형식적으로 하십니까?"

"그렇다. 처음에는 나도 저들처럼 하는 것이 죽은 노
담을 기리는 것이라 생각했다. 그러나 지금은 아니
다. 아까 문상할 때 보니 노인들은 자식을 잃은 것처
럼 통곡을 하고, 젊은이들은 부모를 여읜 것처럼 통
곡을 하고 있더구나. 저들은 노담이 바라지도 않은
칭송을 하기 위해, 노담이 원하지도 않은 통곡을 하

기 위해 이곳에 온 것처럼 보이더구나. 이 모두 자연의 순리에서 벗어나 진실을 거역하고 인간이 부여받은 운명을 잊고 있는 짓이지. 옛사람들은 이를 일러 '자연의 순리를 어기는 죄'[遁天之刑]라고 불렀다. 마침 세상에 온 것도 때를 얻은 것이요, 마침 세상에서 떠나는 것도 때를 따를 뿐이다. 생사를 편안히 때의 추이에 맡기면[安時而處順] 슬픔과 기쁨이 끼어들 여지가 없다. 옛사람들은 이를 일러 '하늘이 내린 형벌에서 풀려나는 것'[懸解]이라 하였다." _ 양생주

낭송Q 큰글자책 시리즈
제자백가편
낭송 장자

4부
덕이 충만한 사람들

4-1.
싸움닭의 덕!

기紀나라의 성자渻子라는 사람이 왕을 위해 싸움닭을
길렀습니다. 열흘이 지나자 왕이 물었습니다. "이제
되었느냐?"

"아직 이릅니다. 지금도 쓸데없이 허세를 부리며 자
기 힘만 믿고 있습니다."

다시 열흘이 지나 왕이 또 묻자 성자가 대답합니다.

"아직도 이릅니다. 다른 닭의 울음소리나 그림자만
보아도 덤벼듭니다."

다시 열흘이 지나 왕이 또 묻자 성자가 대답합니다.

"아직도 이릅니다. 여전히 상대를 노려보고 씩씩댑
니다."

다시 열흘이 지나 왕이 또 묻자 성자가 대답합니다.

"이제 됐습니다. 상대가 울어도 아무 동요가 없습니

다. 멀리서 보면 마치 나무로 깎아 놓은 닭 같습니다.
그 덕이 온전해진 것입니다. 다른 닭이 감히 덤벼들
생각도 못하고 오히려 달아나 버립니다." _ 달생

4-2.
가르치지 않는 스승, 왕태

노나라에 형벌로 한쪽 발이 잘린 왕태王駘라는 사람
이 있었습니다. 그에게 와서 배우겠다는 자들이 공자
를 따르는 제자들과 맞먹었습니다.

공자의 제자인 상계常季가 물었습니다.

"왕태는 절름발이입니다. 그런데도 그를 따르는 사
람들이 많으니 마치 선생님과 노나라의 젊은이들을
양분하고 있는 듯합니다. 특별히 가르치는 것도 주장
하는 바도 없는 것 같은데, 사람들은 텅 빈 채로 그에
게 가서 가득 찬 채로 돌아옵니다. 정말 '말 없는 가르
침'[不言之教]이라는 게 있어서 드러내지 않아도 사람
들이 자연스럽게 깨닫는 것일까요? 그는 어떤 사람
일까요?"

공자가 대답했습니다.

"그분은 성인이시다. 나는 미적거리다가 아직 그분을 찾아뵙지 못했을 뿐이다. 나도 그분을 스승으로 삼으려 하는데 나보다 못한 자들이야 당연하지 않겠느냐? 나는 노나라 사람들뿐 아니라 온 세상 사람들을 이끌고 그분을 따르려고 한다."

상계가 물었습니다.

"절름발이인데도 선생님보다 훌륭하다고 하시니 저희 같은 사람과는 까마득하게 다른 분이겠군요. 그런 분의 마음 씀씀이는 도대체 어느 정도인가요?"

공자가 대답했습니다.

"인생사에서 죽고 사는 문제가 가장 큰 것 아니겠느냐? 그러나 그는 그것에 동요하지 않는다. 하늘과 땅이 무너진다 한들 그는 무너지지 않아. 사물이 아니라 이치를 살펴 외부 사물에 마음이 흔들리지 않는단다. 사물의 변화를 자연의 필연[命]으로 생각하고 그 근본을 지킬 뿐이지."

상계가 물었습니다.

"그게 무슨 말씀이신지요?"

공자가 대답했습니다.

"다르다는 점에서 보면 간과 쓸개도 초나라와 월나라만큼 멀리 떨어져 있는 것 아니겠느냐? 그러나 같다는 점에서 보면 만물은 모두 하나이다. 왕태는 귀와 눈에 의해 지각된 것으로 사는 자가 아니라 덕이 조화를 이루는 곳에서 마음을 놀리는 자이다. 만물을 하나로 보니 발 하나 없는 것쯤은 문제 삼지 않는다. 발 하나 없는 것쯤은 흙을 떨어내는 것처럼 생각하는 것이지."

상계가 물었습니다.

"그렇다면 그는 자신만을 위해 수양하는 자입니다. 지각을 멈춰 마음을 얻었고, 마음을 멈춰 변치 않는 마음[常心]을 얻었으니까요. 그런데도 왜 사람들은 그에게 모여들까요?"

공자가 대답했습니다.

"사람들은 흐르는 물이 아니라 고요한 물을 찾아 거울로 삼는다. 오로지 스스로 흔들리지 않는 것만이 정말로 흔들리지 않기 때문에 사람들의 발길을 멈추게 할 수 있는 것이다. 땅에서 생긴 생명 중 소나무와 잣나무가 그러한 것이다. 사시사철 변함없이 푸르기 때문이다. 하늘에서 생긴 생명 중에 요임금과 순임금이 그러한 존재이다. 다행히 그들은 자신의 삶을 바로잡아 뭇 사람의 삶을 바로 세울 수 있었다. 처음 약속을 지키는 자는 두려움이 없다. 단 한 명의 용사가 적의 대군 사이로 과감하게 돌진하기도 한다. 명예 때문에 이런 일을 감행하는 자도 이렇게 흔들림이 없는데 하물며 천지의 운행을 주관하며 만물의 생사를 감싸안고, 육신을 임시거처로 삼아 귀와 눈의 감각을 잠시 빌리되, 그것으로 얻은 지식을 오직 하나로 통일하여, 그 마음이 한 번도 죽어 본 적이 없는 자라면 어떻겠느냐? 그는 좋은 날을 택해 끝없는 저쪽으로 유유히 떠날 것이다. 남들이 그를 따를 뿐, 어찌 그가 사람들을 모으는 것이겠느냐."_덕충부

4-3.
재상을 꾸짖은 절름발이, 신도가

신도가申徒嘉는 형벌로 한쪽 발이 잘린 사람입니다.
정나라 재상 자산子産과 함께 백혼무인伯昏无人을 스승
으로 모셨습니다.
어느 날 자산이 신도가에게 말했습니다.
"내가 먼저 나가면 자네는 좀 남아 있게. 자네가 먼저
나가면 내가 남아 있음세."
다음 날 두 사람은 또다시 한 방에 있게 되었습니다.
자산이 신도가에게 거듭 말했습니다.
"내가 먼저 나가면 자네는 좀 남아 있고 자네가 먼저
나가면 내가 남아 있기로 했지. 자, 지금 내가 나가려
하는데 자네가 남아 줄 터인가? 그리고 자네는 재상
을 보고도 뒤로 비껴서지를 않네그려. 혹시 자네, 재
상과 맞먹자는 겐가?"

신도가가 대답하였습니다.

"같은 스승을 모시고 있는 제자 사이에 언제부터 재상이니 뭐니 하는 구별이 있었습니까? 당신은 재상이라 우쭐대며 사람을 얕보는군요. 이런 말이 있지요. '거울이 맑으면 티끌조차 없다. 티끌이 끼어 있으면 이미 맑은 거울이 아니다.' 이처럼 현인과 오래 함께 있으면 허물이 없어지는 법인데, 지금 당신은 스승님의 큰 도를 배우고자 하면서도 여전히 이렇게 말하고 있군요. 정말 잘못된 일입니다."

자산이 발끈하여 말했습니다.

"자네는 그 꼴을 하고도 자신을 요임금에 견주려 하는가? 자네의 덕이 부족하여 형벌을 받았거늘, 여전히 자신을 돌아볼 줄 모르는군."

신도가가 조용히 말했습니다.

"잘못을 변명하며 발을 잃은 게 억울하다고 말하는 자는 많습니다. 그러나 잘못을 변명하지 않고 두 발이 붙어 있는 게 오히려 황공하다고 말하는 사람은 적습니다. 세상사, 내 뜻으로는 어찌할 수 없는 일이 있다는 것을 깨달아야 합니다. 그것을 운명으로 선선히 받아들이는 일[安之若命], 이것은 오직 덕이 있는 자만이 할 수 있습니다.

활의 명수인 예羿의 사정거리 안에서도 화살을 맞지

않는다면 그것은 운명[命]입니다. 두 발을 가진 사람들은 외발인 저를 비웃습니다. 그럴 때는 저도 울컥 화가 나지만 스승님이 계신 곳으로 가면 노여움이 사라지고 다시 편안해집니다. 스승님이 덕[善]으로 저를 닦아 주셨나 봅니다. 선생님께 배운 지 십구 년이나 되었으나 그동안 저는 단 한 번도 제가 절름발이라는 것을 느껴 본 적이 없습니다. 우리는 마음의 온전함을 배우는 자들입니다. 그러나 당신은 저에게서 신체의 온전함을 구했습니다. 정말로 잘못된 일이 아니겠습니까?"

자산은 낯빛을 바로잡고 옷깃을 여미면서 말했습니다. "그만하시게. 충분히 알아들었네."_ 덕충부

4-4.
공자를 깨우쳐 준 죄인, 숙산무지

노나라에 형벌로 한쪽 발이 잘린 숙산무지叔山無趾라
는 사람이 있었습니다. 어느 날 절뚝거리며 공자의
뒤를 따라와서 뵙기를 청했습니다. 공자가 말했습니
다. "자네는 아무렇게나 살아서 이미 죄를 짓고 이 꼴
이 된 게 아닌가? 이제 나를 찾아온들 무슨 수가 있겠
는가?"

무지가 말했습니다.

"저는 진정 추구해야 할 것이 무엇인지 모르고 세상
을 경솔히 살았습니다. 덕분에 발을 하나 잃었지요.
그러나 지금 제가 찾아뵌 것은 아직 발보다 더 중요
한 것이 남아 있고 그것을 잘 보전하고 싶기 때문입
니다. 하늘은 덮어 주지 않는 것이 없고 땅은 실어 주
지 않는 것이 없지 않습니까? 저는 선생님이 하늘이

나 땅과 같은 존재라고 생각했는데 이렇게 말씀하시다니요"

공자가 말했습니다. "내가 생각이 짧았네. 자, 안으로 들어오시게. 내가 아는 것을 말해 드리리다."

무지는 그 자리를 떠났습니다. 그후 공자가 제자들에게 말했습니다. "너희들은 힘써 배워라. 숙산무지는 절름발이인데도 열심히 배워서 지난날의 잘못을 고치려 하는구나. 하물며 사지가 멀쩡한 너희들이야 ……."

무지가 이 이야기를 노담에게 했습니다.

"공자는 지인至人이 되려면 아직 멀었더군요. 그런데 왜 그는 자꾸 당신에게 배우려고 하는 걸까요? 그는 매우 특별한 것을 얻어 헛된 이름을 쌓고 싶어 하는가 봅니다만, 지인은 그것들을 질곡桎梏으로 여긴다는 것을 모르나 봅니다."

노담이 대답했습니다.

"그에게 죽음과 삶도 하나로 연결된 것이요, 옳음과 옳지 않음도 하나로 이어진다는 것을 깨닫게 한다면, 그도 질곡에서 풀려나올 수 있지 않겠는가?"

무지가 말했습니다.

"그는 하늘이 내린 벌을 받고 있습니다. 과연 풀려나올 수 있겠습니까?"_덕충부

4-5.
세상에서 가장 매력적인 남자,
꼽추 애태타

노나라 애공哀公이 공자에게 물었습니다.

"위나라에 아주 못생긴 사내가 있습니다. 이름이 애
태타哀駘它라고 하더군요. 그런데 그와 함께 있어 본
남자들은 그의 매력에 사로잡혀 그의 곁을 떠나지 못
하고, 그를 한 번 본 여자들은 앞다투어 '다른 사람의
아내가 되느니 차라리 그분의 첩이 되겠어요'라고 부
모께 청한답니다.

그가 먼저 나서서 뭔가 주장하는 것을 본 사람이 없
습니다. 그는 늘 다른 사람의 의견에 맞장구를 칠 뿐
이랍니다. 왕의 지위를 갖고 있어 사람들을 죽음에서
구해 주는 것도 아니고, 재산이 많아 사람들을 배불
리 먹여 주는 것도 아닙니다. 다만 흉측한 몰골로 사
람을 놀라게 할 따름이죠. 맞장구를 칠 뿐 주장하는

바도 없으며, 아는 것이라고는 자기가 사는 곳에서 벌어지는 일 정도인데 남녀 모두 그 앞에 몰려든다고 하니 분명히 여느 사람과는 다른 점이 있기 때문일 것입니다.

하여 제가 그를 불렀습니다. 과연 놀랍도록 흉측한 몰골이더군요. 그런데 몇 달이 지나지 않아 그의 됨됨이에 이끌렸고, 채 일 년도 되기 전에 그를 믿게 되었습니다. 마침 재상 자리가 비어 그에게 맡기려 하니, 그는 망설이며 받아들이는 듯도 했고, 무심히 사양하는 듯도 했습니다. 저는 좀 민망해졌으나 기어코 재상 자리를 맡겨 버렸습니다. 그런데 얼마 지나지 않아 떠나 버리더군요. 저는 뭔가를 잃어버린 듯 두려웠습니다. 다시는 누군가와 함께 나라 일을 의논하는 기쁨을 얻을 수 없을 것 같더군요. 그는 도대체 어떤 사람일까요?"

공자가 대답했습니다.

"제가 초나라에 사신으로 간 적이 있었습니다. 그때 우연히 새끼 돼지들이 죽은 어미 돼지의 젖을 빠는 것을 보았습니다. 그런데 잠시 후 새끼 돼지들은 깜짝 놀라 어미 돼지를 버리고 달아나더군요. 어미가 자기들을 쳐다보지도 않았고, 그 모습도 예전 같지 않았기 때문입니다. 새끼 돼지들은 어미의 몸을 사랑했던 것이 아니라 그 몸을 움직이게 하는 마음을 사랑했던 것입니다.

전사한 사람의 장례에는 화려한 관을 사용하지 않고, 발이 잘린 사람은 신발을 아깝게 여기지 않습니다. 관이나 신발의 근본이 사라졌기 때문입니다. 천자의 후궁들은 손톱을 깎거나 귀를 뚫지 않고, 장가든 사람은 궁궐 밖에서 살게 하며 숙직을 시키지 않습니다. 몸을 온전히 갖고 있는 자들도 이렇게 하는데 하물며 덕을 온전히 갖춘 사람이라면 말할 것도 없지 않겠습니까?

지금 애태타는 아무런 말을 하지 않아도 신임을 받고, 아무런 공功을 세우지 않아도 사랑을 받으며, 심지어 왕이 자기 나라를 맡기면서 오히려 그가 받지 않을까 애태우게 하니, 그는 타고난 바탕이 잘 보존되어 있고[才全], 덕이 밖으로 드러나지 않는[德不形] 사람입니다."

애공이 물었습니다.

"타고난 바탕이 잘 보존되어 있다는 것은 무슨 뜻입니까?"

공자가 대답하였습니다.

"삶과 죽음, 지킴과 잃음, 부귀와 빈곤, 현명함과 어리석음, 칭찬과 비방, 목마름과 배고픔, 더위와 추위, 이런 것들은 사태의 추이가 바뀌는 것[事之變]이며, 자연의 운행이 달라지는 것[命之行]입니다. 이것들은 밤낮으로 눈앞에 번갈아 펼쳐지지만 우리의 지혜로는 그것의 이유를 알 수 없습니다. 따라서 이것들이 덕의 조화를 어지럽히거나 마음에 침입하지 않도록 해야 합니다. 수없는 변화들이 원래 하나라는 것에 통달하면 마음의 기쁨을 잃어버리지 않습니다. 시시각각의 변화에 완벽히 응하게 되면 만물과 함께 늘 새로 탄생합니다. 이렇게 되면 만물을 만나는 모든 순간이 매번 꽃 피는 순간입니다. 이를 '타고난 바탕이 잘 보존되어 있다'고 하는 것입니다."

이번에는 애공이 '덕이 밖으로 드러나지 않는 것'에 대해 물었습니다. 공자가 대답했습니다.

"평정함의 극치는 고요한 물입니다. 그것이 평정함의 기준이 되는 까닭은 내부가 극도로 평정하여 밖으로 전혀 출렁이지 않기 때문입니다. 덕이란 완전하게 평정을 닦은 마음입니다. 본래의 마음을 밖으로 드러내지 않기 때문에 만물이 따르는 것입니다."

훗날 애공이 공자의 제자인 민자건[閔子騫]에게 말했습니다.

"예전에 나는, 왕이 되어 백성의 기강을 세우고 그들을 구제하는 것이 최고의 도를 실현하는 것이라 여겼

소. 그런데 지인至人의 이야기를 듣고 내가 도를 알지
도 못하면서 경솔하게 처신하여 나라를 망치는 것이
아닌가 두려워졌소. 나와 공자는 왕과 신하의 관계가
아니라 덕으로 사귀는 벗[德友]이라오.” _덕충부

4-6.
군주를 매혹시킨
인기지리무신과 옹앙대영

절름발이[인기闡跂]에다 꼽추[지리支離]이자 언청이[무신無脈]인 사람이 위나라 영공에게 유세를 했습니다. 영공은 그를 좋아하게 되었습니다. 그후 영공은 사지가 온전한 사람을 보면 오히려 그 목이 가늘고 길게 여겨졌습니다.

목에 큰 혹이 달린 사람[옹앙대영甕盎大癭]이 제나라 환공과 만나 도를 이야기했습니다. 환공은 그를 좋아하게 되었습니다. 그후 환공은 사지가 멀쩡한 사람을 보면 오히려 그 목이 가늘고 길게 여겨졌습니다.

그러므로 덕이 뛰어나면 겉모습은 잊어버리게 됩니다. 잊기 쉬운 것을 잊지 말아야 합니다. 반면 잊기 힘든 것을 잊어야 하죠. 이것이 진짜 잊는 것입니다._덕충부

4-7.
열자의 스승, 백혼무인

열자가 백혼무인伯昏无人에게 활쏘기를 해보였습니다. 활시위를 끝까지 당기고 팔꿈치에 물이 가득 찬 잔을 올려놓은 채 화살을 쏘았습니다. 화살이 활시위를 떠나자마자 다른 화살을 쏘고, 그 화살이 활시위를 떠나자마자 다른 화살을 쏘니, 화살들이 마치 꼬리에 꼬리를 문 듯 일직선으로 이어졌습니다. 이때 열자는 마치 나무인형같이 꼼짝도 하지 않았습니다.

백혼무인이 말했습니다.

"이것은 아직 활쏘기를 의식한 활쏘기이지 활쏘기를 의식하지 않는 활쏘기가 아니다. 시험 삼아 높은 산에 올라가 벼랑 끝에 서서 백 길 깊은 못을 내려다보자. 그래도 너는 활을 잘 쏠 수 있겠느냐?"

백혼무인은 열자를 데리고 높은 산에 올라가 벼랑 끝

에 서서 백 길 깊은 못을 내려다보았습니다. 못을 등지고 뒷걸음쳐서 발의 삼분의 이 가량이 바위 밖 허공으로 빠지자 열자에게 다가오라고 손짓을 했습니다. 열자는 바싹 엎드린 채 두려움에 벌벌 떨며 식은 땀을 발뒤꿈치까지 흘렸습니다.

백혼무인이 말했습니다.

"지인은 위로는 푸른 하늘 끝까지 엿보고, 아래로는 황천 바닥까지 살피며, 사방팔방을 자유자재로 날아다니면서도, 순수한 기[神氣]를 조금도 흐트러뜨리지 않는다. 너는 지금 두려움에 눈앞이 캄캄한 모양이구나. 너는 활을 쏘아도 맞출 수가 없겠다."_전자방

4-8.
전자방의 스승, 동곽순자

전자방田子方이 위魏나라 문후文侯와 있을 때 자주 계
공谿工을 칭찬했습니다. 문후가 전자방에게 물었습니
다. "계공이 선생의 스승이십니까?"

전자방이 대답했습니다. "아닙니다. 그는 저의 고향
사람인데, 도에 대해 말할 때 꽤 합당한 데가 있어 제
가 칭찬한 것입니다."

문후가 다시 물었습니다. "그렇다면 선생께서는 스
승이 없습니까?"

전자방이 대답했습니다. "있습니다."

문후가 다시 물었습니다. "누구십니까?"

전자방이 대답했습니다. "동곽순자東郭順子입니다."

문후가 물었습니다. "그런데 어째서 그동안 한 번도
그분 이야기를 하신 적이 없으신지요?"

전자방이 대답했습니다.

"그분은 참된 분[眞]입니다. 사람의 모습을 하고 있지만 하늘처럼 텅 비어 있습니다. 만물을 자연스럽게 따르면서 참됨[眞]을 보존합니다. 맑은 마음으로 만물을 포용합니다. 상대가 무도해도 받아들여 그가 스스로 깨닫게 하면서 그의 사악한 마음을 없애 줍니다. 제가 어찌 그분을 입에 담겠습니까?"

전자방이 나가자 문후는 넋을 잃고 하루 종일 아무 말도 하지 않았습니다. 그러다가 앞에 서 있는 신하를 불러 그에게 말했습니다.

"까마득한 일이구나, 온전한 덕을 갖춘 군자가 되려면! 전에 나는 성인의 지혜와 인의[仁義]의 행동이 가장 지극한 것이라 생각했다. 그런데 전자방의 스승에 대해 듣고 나니, 맥이 빠져 움직이고 싶지 않고 입이 닫혀 말하고 싶지 않다. 내가 여태 배운 것이란 단지 흙으로 만든 인형같이 가짜였으니, 위나라는 단지 나에겐 얽매임[累]일 뿐이구나." _ 전자방

4-9.
낚싯바늘 없이 낚시하는 노인

문왕文王이 장臧이란 곳을 구경하다가 한 노인이 낚시질을 하는 것을 보았습니다. 낚싯대에 낚싯바늘이 없어서 낚시하려는 것 같지는 않았지만 계속 고기가 낚였습니다.

문왕은 그를 등용하여 정사를 맡기고 싶었지만 대신과 장로들이 불안해할까 걱정이 되었습니다. 그렇다고 단념하자니 백성들에게 하늘이 될 사람을 잃는 것같아 안타까웠습니다.

문왕은 다음날 아침 대부들을 불러놓고 말했습니다. "어젯밤 꿈에 검은 얼굴에 검은 수염을 기르고 한쪽 발굽만 붉은 얼룩말을 타고 있는 훌륭한 사람을 보았소. 그가 나에게 와서 '장臧 땅에 있는 노인에게 정사를 맡겨라. 그러면 백성들의 고통이 다 사라질 것이다'라고 말을 했소."

여러 대부들이 놀라며 말했습니다.

"선왕先王이십니다."

문왕이 말했습니다.

"그렇다면 어떻게 할지 점을 쳐보도록 해야겠소."

여러 대부들이 말했습니다.

"선왕의 명이십니다. 의심하시면 안 됩니다. 새삼 무슨 점을 치겠습니까?"

마침내 문왕은 그 노인을 맞아들여 정사를 맡겼습니다. 그런데 그 노인은 법을 고치지도 않고 명령을 새로 내리지도 않았습니다.

삼 년 후 문왕이 나라를 둘러보니 여러 선비들은 파벌을 무너뜨리고 무리를 해산했으며, 여러 관직의 책임자들은 자기의 공덕을 드러내는 일을 멈추었고, 남의 나라 됫박을 가지고 나라 안으로 들어오는 사람이 없었습니다. 여러 선비들이 파벌을 무너뜨리고 무리를 해산한 것은 백성들과 화합하게 되었기 때문이며, 여러 관직의 책임자들이 자기의 공덕을 드러내는 일을 멈춘 것은 백성들과 한마음으로 일하게 되었기 때문이며, 남의 나라 됫박을 가지고 나라 안으로 들어오는 사람이 없는 것은 제후들에게 두 마음이 생기지 않았기 때문이었습니다. 그래서 문왕은 그 노인을 태사師로 삼고, 스스로 신하의 예를 갖춰 물었습니다.

"이 훌륭한 정치를 온 천하에 미치게 해주실 수 있겠습니까?"

그러자 그 노인은 멍하니 아무 대꾸도 하지 않은 채 무심히 사양하는 듯했습니다. 아침에 태사의 명을 받은 자가 밤에 몸을 감추더니 종신토록 소식이 없었습니다. _ 전자방

4-10.
옷을 풀어 헤치고 앉은 화공

송나라의 원군元君이 그림을 그리게 하려고 화공을
모았습니다. 수많은 화공들이 너나없이 몰려들었습
니다. 그들은 원군의 인사를 받고 나서 저마다 붓을
적시고 먹을 가는 등 부산을 떨었습니다. 미처 안으
로 못 들어오고 밖에서 기다리는 자가 반이나 되었습
니다.

한 화공이 늦게 도착하였습니다. 그런데도 느긋하게
천천히 걸으면서 서둘지 않았습니다. 그는 원군의 인
사를 받고 나자 서서 기다리지도 않고 숙소로 가버
렸습니다. 원군이 사람을 시켜 그를 살펴보게 했습니
다. 그는 옷을 풀어 헤치고 다리를 뻗은 채 태평히 앉
아 있었습니다. 이 말을 전해 들은 원군이 말했습니
다. "됐다. 이 사람이야말로 진짜 화공이다."_전자방

낭송Q 큰글자책 시리즈
제자백가편
낭송 장자

5부
만물은 하나다

5-1.
유가와 묵가가 난세의 주범

지금 세상에서는 처형당한 자가 포개어 누워 있고, 칼 쓰고 차꼬 찬 자가 비좁다고 서로 밀치고 있으며, 형벌을 받은 자가 나란히 마주보고 있습니다. 그런데도 유가나 묵가들은 차꼬와 수갑을 찬 죄인들 사이에서 팔을 걷어붙이고 뽐내면서 돌아다닙니다. 아, 심합니다. 그들은 부끄럼도 없고 수치도 모르는군요. 정말 심합니다.

성인의 지혜가 칼과 차꼬를 죄는 쐐기가 되지 않았는지, 인의仁義가 차꼬와 수갑을 채우는 자물쇠가 되지 않았는지, 나는 알 수 없습니다. 증삼曾參 : 공자의 제자, 사추史鰌 : 춘추시대 위나라의 충신와 같은 현자가 걸왕桀 : 하 왕조 최후의 왕으로 유명한 폭군, 도척盜跖 : 춘추시대 노나라의 유명한 도적과 같은 극악한 인물의 효시는 아닌지, 나는 알 수

없습니다. 그래서 성인을 근절하고 지혜를 버리면 천
하가 잘 다스려진다고 하나 봅니다._재유

5-2.
쓸모없는 땅을 다 깎아 버리면?

혜시가 장자에게 말했습니다.

"자네의 말은 쓸모가 없어."

장자가 대답했습니다.

"쓸모없는 것을 알아야 비로소 쓸모 있는 것을 말할 수 있다네. 천하의 땅은 더할 나위 없이 넓고 크지만 실제 사람에게 쓸모 있는 것은 단지 발을 내딛을 수 있는 정도의 땅뿐이지. 그렇다고 발을 딛는 부분만 잰 후 그 부분만 남겨 두고 나머지 땅을 바닥까지 깎아 버린다면, 그래도 발을 딛는 부분이 사람들에게 쓸모가 있겠나?"

혜시가 말했습니다.

"쓸모없겠지."

장자가 말했습니다.

"그러니 쓸모없는 것이 실은 쓸모 있다는 게 확실해진 것 아니겠는가?" _외물

물고기의 즐거움

장자와 혜시가 호수[濠]의 다리 위에서 노닐고 있었습니다.

장자가 말했습니다.

"피라미가 유유히 헤엄치고 다니는군. 이것이 물고기의 즐거움이구만!"

혜시가 말했습니다.

"자네는 물고기가 아닌데, 어떻게 물고기의 즐거움을 아는가?"

장자가 말했습니다.

"자네는 내가 아닌데, 어떻게 내가 물고기의 즐거움을 알지 못한다는 것을 아는가?"

혜시가 말했습니다.

"나는 자네가 아니니까 물론 자네를 알지 못하네. 그

렇다면 자네도 물고기가 아니니까 물고기의 즐거움
을 알지 못한다는 것도 분명하지 않는가?"
장자가 말했습니다.
"자, 처음 질문으로 돌아가 보세. '자네가 어떻게 물
고기의 즐거움을 아는가'라고 말한 것은 내가 알고
있다는 것을 알고 있기 때문에 물은 것 아니겠나? 나
는 그것을 호수의 다리 위에서 알았다네." - 추수

5-4.
사람의 소리, 땅의 소리, 하늘의 소리

남쪽 성 밖에 사는 자기子綦가 낮은 의자에 팔꿈치를 괴고 앉아 하늘을 보며 길게 숨을 내쉬었습니다. 그 모습이 멍하니 마음을 잃은 듯하였습니다.

안성자유顏成子游가 앞에서 그를 모시고 있다가 물었습니다.

"어떻게 된 일입니까? 몸은 마른 나무처럼 움직이지 않게 할 수 있지만, 마음까지 식은 재처럼 정지시킬 수 있는 것입니까? 지금 앉아 계신 모습은 예전의 선생님의 모습과는 다릅니다."

자기가 대답했습니다.

"언偃아, 훌륭한 질문이다. 지금 나는 나를 잃어버렸다. 너는 그것을 알아차렸구나. 그러나 너는 내 숨소리로 사람의 소리[인뢰人籟]를 들었지만 아직 땅의 소리[지뢰地籟]는 듣지 못했구나. 아니 땅의 소리를 들었을지 모르지만 아직 하늘의 소리[천뢰天籟]는 듣지 못했구나."

자유가 말했습니다.

"부디 그 소리를 듣는 방법을 말씀해 주십시오"

자기가 대답했습니다.

"땅이 내뿜는 큰 숨을 바람이라고 한다. 그것이 늘 불지는 않지만 일단 불면 땅의 온갖 구멍이 울부짖는다. 너도 그 웅웅 울부짖는 소리를 들어봤겠지?

깊고 험한 산속에 있는 백 아름 되는 나무의 구멍들은, 어떤 것은 코 같고, 어떤 것은 입 같고, 어떤 것은 귀 같고, 어떤 것은 옥로 같고, 어떤 것은 바리 같고, 어떤 것은 절구 같고, 어떤 것은 깊은 웅덩이 같고, 어떤 것은 얕은 웅덩이 같지. 이것들이 때로는 물이 콸콸 흐르듯, 화살이 쌩쌩 날 듯, 심하게 나무라듯, 나직이 숨 쉬듯, 절규하듯, 울부짖듯, 깊은 동굴에서 울리듯, 작은 새가 지저귀듯, 그렇게 소리를 낸다. 앞에 있는 것이 우우 소리를 내면 뒤에 있는 것이 웅웅 따라서 소리를 낸다. 산들바람에는 가볍게 응답하고, 거센 바람에는 크게 응답하지. 사나운 바람이 지나가면 모든 구멍들은 다시 잠잠해진다. 너도 나무들이 휘청거리다 어느새 살랑거리는 모습을 보았을 것이다."

자유가 말했습니다.

"땅의 소리란 결국 온갖 구멍이 내는 소리이군요. 그것은 사람의 소리가 피리 구멍에서 나는 소리와 같은 이치네요. 그렇다면 이제 하늘의 소리에 대해 가르쳐 주십시오."

자기가 대답했습니다.

"불어 대는 소리가 하나도 같은 게 없어 모두 스스로 자기 소리를 내는 것 같지만 정말 소리 나게 하는 것은 누구이겠느냐?"_제물론

5-5.
주재자는 있기도 하고 없기도 한 것

(1)

큰 지식은 대충대충이고, 작은 지식은 촘촘합니다. 큰 말은 장황하고, 작은 말은 좀스럽습니다.

잠잘 때면 마음은 꿈을 꿔서 산란하고, 깨어나면 마음은 사물과 접촉하여 날마다 전쟁을 치릅니다. 어떤 때는 넓게 마음을 쓰고, 어떤 때는 깊게 마음을 쓰고, 어떤 때는 꼼꼼히 마음을 씁니다. 작은 두려움에 기가 죽고 큰 두려움에 넋을 잃기도 합니다.

시비를 가릴 때는 마음이 시위에서 활이 튕겨나가듯 모질어집니다. 승리를 지킬 때는 마음이 맹세라도 한 듯 완강해집니다. 그렇게 해도 마음이 쇠약해지는 것은 가을, 겨울 초목이 말라가는 것과 같습니다. 세속에 빠져 마음이 쇠약해지면 다시 처음으로 되돌릴 수 없습니다. 욕심으로 완전히 뒤덮이면 마음은 점점 늙어 갑니다. 죽음에 가까워진 마음은 결코 회복시킬 수 없습니다.

기쁨, 노여움, 슬픔, 즐거움, 염려, 후회, 변덕, 고집, 아첨, 방자, 내세움, 꾸며댐, 이것 모두 음악소리가 피리 구멍에서 나오고, 버섯이 습한 기운에서 자라듯 밤낮으로 눈앞에 번갈아 펼쳐지지만 그 이유를 알 수가 없습니다. 알려고 하지 마세요. 우연히 이렇게 되는 것이 이것이 생기는 이유입니다._제물론

(2)

감정이 없으면 내가 없고, 내가 없으면 감정도 생겨나지 않습니다. 이것은 사실에 가깝지만 이것만으로는 감정의 변화를 만드는 것이 무엇인지 알 수 없습니다. 따라서 참된 주재자[眞宰]가 있는 듯하나 그 조짐을 알 수 없고, 그것이 움직이고 있다는 것은 분명한데 형태는 보이지 않습니다. 정황은 있으나 형상은 없는 셈입니다.

우리 몸에는 백 개의 뼈마디, 아홉 개의 구멍, 여섯 개의 장기가 갖추어져 있습니다. 우리는 그중 어떤 것을 소중히 여길까요? 그대는 모든 것을 소중히 여기

나요? 아마도 사사로움이 있지 않겠습니까? 그렇다면 다른 모든 것은 신하나 첩이 되나요? 신하나 첩은 서로 다스릴 수 있을까요? 돌아가며 군주도 되고 신하나 첩이 되나요? 참된 군주[眞君]가 있는 것일까요? 그 실상[情]을 알든 모르든 진실에 영향을 끼치진 못합니다. _ 제물론

(3)

한번 모든 것을 갖춘 몸[成形]을 가지고 태어나게 되면 곧 죽지 않더라도 머지않아 다하여 없어집니다. 세상의 사물과 서로 부대끼면서 다해 가는 게 마치 내달리는 말과 같아 누구도 멈출 수 없습니다. 슬프지 않습니까? 평생토록 고생해도 이룬 바가 없고, 고달프게 애써도 그 돌아갈 곳을 알지 못합니다. 어찌 가엾지 않습니까? 남들이 헛되이 죽는 것은 아니라고 말한들 무슨 도움이 되겠습니까? 몸뿐 아니라 마음도 그렇게 다하는 것이니 어찌 참으로 애처롭지 않겠습니까? 사람의 삶이란 본래 이렇게 어리석은 것일까요? 아니면 나 혼자만 어리석고 남들은 어리석지 않은 걸까요?

지각능력을 갖춘 마음[成心]을 스승으로 떠받든다면,

스승 없는 사람이 어디 있겠습니까? 변화를 따르는 사람만이 아니라 어리석은 사람도 스승을 갖고 있는 것이지요. 마음의 지각분별 없이 옳고 그름을 따질 수 있다고 하는 것은 오늘 월나라로 떠나 어제 도착했다는 격입니다. 있을 수 없는 것을 있다고 하는 것이지요. 있을 수 없는 일을 있다고 우기면 신령스러운 우임금이라도 알 수가 없을 텐데, 하물며 우리 같은 사람이 어찌 알 수 있겠습니까? _제물론

5-6.
도의 지도리

(1)

말이란 단순한 소리가 아닙니다. 말이란 뜻이 있습니다. 다만 그 뜻이란 한 가지로 정해질 수 없습니다. 그렇다면 말에는 뜻이 있는 것일까요? 아니면 애당초 없는 것일까요? 말이란 새가 재잘대는 것과 다르다지만 정말 다른가요? 아니면 다른 게 없나요?

참된 도道는 어디에 숨어 진짜 가짜가 생겨나고, 참된 말은 어디에 숨어 옳고 그름이 생겨났을까요? 참된 도는 어디에나 있고 참된 말은 무엇이든 밝힙니다. 그러나 지금 참된 도는 작은 성취에 가려졌고, 참된 말은 화려함에 가려졌습니다. 유가와 묵가는 논쟁을 하면서 상대가 틀렸다고 하는 것을 옳다고 하고 상대가 옳다고 하는 것을 틀렸다고 합니다. 상대가 틀렸다는 것을 옳다고 하고 상대가 옳다는 것을 그르다고 하고 싶겠지만, 옳고 그름을 넘어서는 '밝은 지혜'[明知]에 따르는 것보다 좋은 것은 없습니다. _제물론

(2)

사물은 저것 아닌 것이 없고 동시에 이것 아닌 것이 없습니다. 저것에서 보면 저것이 저것인 줄 모르고, 이것에서 봐야 저것이 저것인 줄 알게 됩니다. 저것은 이것에 의해, 이것은 저것에 의해 인식된다는 말입니다. 이것이 바로 이것과 저것이 서로에 의해 성립한다는 세상의 주장입니다.

그런데 삶이 있기에 죽음이 있고, 죽음이 있기에 삶이 있고, 좋은 것이 있기에 싫은 것이 있고, 싫은 것이 있기에 좋은 것이 있다는 주장은 옳고 그름의 근거를 상대에게서 찾는 데 불과한 것입니다. 그러므로 성인은 이러한 주장에 따르지 않고, 자연[天]의 이치로 생각합니다. 이것이 '있는 그대로 모두 긍정'[因是]하는 것입니다.

자연의 이치에서는 저것은 이것이고 이것이 저것입니다. 저것도 하나의 시비是非이고 이것도 하나의 시비是非입니다. 과연 이것과 저것을 구별할 수 있을까

요? 아니면 없을까요? 이렇게 옳고 그름의 상대적 구별을 넘어서는 것을 '도의 지도리'[道樞]라고 합니다. 지도리가 회전의 중심이 되면 끝없는 변화에 대응할 수 있습니다. 옳은 것도 끝없는 변화의 하나요, 그른 것도 끝없는 변화의 하나입니다. 그래서 '밝은 지혜'[明]에 따르는 것보다 좋은 것은 없다고 말한 것입니다. _제물론

(3)

손가락으로 그 손가락이 손가락이 아니라는 것을 밝히는 것은, 손가락이 아닌 것으로 그 손가락이 손가락이 아니라는 것을 밝히는 것만 못합니다. 말[馬]을 가지고 그 말이 말이 아니라는 것을 밝히는 것은, 말이 아닌 것으로 그 말이 말이 아니라는 것을 밝히는 것만 못합니다. 천지도 하나의 손가락이고, 만물도 한 마리 말입니다. _제물론

5-7.
조삼모사와 양행兩行

(1)

길은 다니면서 만들어지고 사물의 이름은 사람이 불러서 그렇게 됩니다. 어째서 그러한가요? 그러한 데서 그러합니다. 어째서 그렇지 않은가요? 그렇지 않은 데서 그렇지 않습니다. 만물은 원래 스스로 그러한 바[所然]가 있고 모두 괜찮은 바[所可]가 있습니다. 그러므로 도道는 가는 풀과 굵은 기둥, 추한 문둥이와 아름다운 서시西施의 분별을 넘어 이상야릇, 괴상망측한 것까지 미쳐 그 모든 것을 하나로 합니다.

나누어지는 것은 이루어지는 것이고, 또 이루어지는 것은 파괴되는 것입니다. 따라서 만물은 이루어지는 것과 파괴되는 것이 없으며 모두 통하여 하나가 됩니다. 오직 깨달은 자만이 사물들을 관통하는 하나의 이치를 압니다. 이 때문에 분별 판단하지 않고 사물의 자연스러움에 따릅니다. 자연스러움이야말로 도의 작용이고, 도의 작용은 모든 곳에 미칩니다. 도가 모든 것에 미치면 만물은 스스로 그러하게 됩니다. 만물이 때마침 스스로 그렇게 되는 것이 도가 실현되는 것입니다. 이러한 이치에 따를 뿐입니다. 따를 뿐이지, 그렇게 되는 이유를 알지 못합니다. 이것이 도道입니다._제물론

(2)

사물이 본래 하나인데도 머리로 수고롭게 따지며 하나라고 말하는 것을 '조삼모사'朝三暮四라 합니다. '조삼모사'는 이런 이야기에서 유래합니다. 원숭이 키우는 사람이 원숭이에게 도토리를 나누어 주면서 말했습니다. "아침에 셋, 저녁에 넷을 주마." 그랬더니 원숭이들이 모두 화를 냈습니다. 그래서 "아침에 넷, 저녁에 셋을 주마"고 했더니 원숭이들이 모두 기뻐했답니다. 일곱이라는 명칭도, 하루에 다 준다는 실질도 달라진 게 없는데 원숭이들은 화를 내거나 기뻐했습니다. 옳다, 그르다는 판단에 사로잡혔기 때문입니다. 그러므로 성인은 옳고 그름을 넘어서서[和] 자연

의 균형[天鈞]에서 머뭅니다. 이것이 '두 길을 동시에 걷는 것'[兩行]입니다. _제물론

5-8.
애당초 사물은 없었다

옛사람들의 지혜는 매우 깊었습니다. 어느 정도인가 하면, 애당초 사물이란 존재하지 않는다고 생각했습니다. 더없이 깊고 완전하여 보탤 것이 없는 경지입니다. 그 다음에는 설사 사물이 있다 하더라도 애당초 구별은 없다고 생각하는 경지입니다. 그 다음은 각각의 사물이 존재한다 해도 애당초 옳고 그름은 없다고 생각하는 경지입니다. 옳고 그름을 드러내면 도가 훼손됩니다. 도가 훼손되면 사물에 대한 애착이 생깁니다.

그러나 완성되고 손상되는 것이 과연 있는 것일까요? 완성과 손상이 따로 없는 것은 아닐까요? 완성되면 손상된다는 것은 소씨昭氏가 거문고를 타는 것과 비슷합니다. 반대로 완성되는 것도 손상되는 것도 없다는 것은 소씨가 거문고를 타지 않는 것과 비슷합니다. 소문昭文이 거문고를 타는 솜씨, 사광師曠이 채를 잡고 장단을 맞추는 솜씨, 혜시가 책상에 기대앉아 변론하는 솜씨는 모두 너무 훌륭해 완벽에 가깝습니다. 그래서 후세에까지 기록으로 남았습니다. 다만 그들이 좋아한 것은 참된 도와는 다른 것으로, 그들은 자신이 좋아하는 것으로 도를 밝히려 하였습니다. 좋음이 생기면 도는 훼손되는 법. 따라서 밝힐 수 없는 것으로 밝히려 한 셈입니다.

따라서 혜시는 견백론堅白論같이 우매한 궤변을 일삼다 생을 마쳤고, 소문은 그 아들에게 거문고 기술을 전수하는 데에 그쳤습니다. 일생 동안 도를 이루지는 못한 것입니다. 그러니 이들이 이루었다고 하면 우리 같은 평범한 사람도 이룬 것입니다. 이들이 이루지 못한 것이라면 우리 모두 이루지 못한 것입니다.

성인은 겉으로 드러나지 않는 그윽한 빛을 추구합니다. 이 때문에 분별 판단하지 않고 사물의 자연스러움에 따릅니다. 이것이 '밝은 지혜'입니다. _제물론

5-9.
오직 자연의 도〔因是〕에 따를 뿐!

지금 이야기 하나 하겠습니다. 이 말이 '밝은 지혜'와 같은지 다른지는 모르겠습니다. 그러나 같다, 다르다는 것 역시 판단이라는 점에서는 같은 것이니 세상의 말과 다를 게 없습니다. 그럼에도 불구하고 한번 말해 봅시다.

'시작'이 있다는 것은 '아직 시작하기 이전'이 있었다는 것입니다. 또한 '아직 시작하기 이전의 이전'도 있었다는 것입니다. '있다'가 있다는 것은 아직 있기 이전, 즉 '없다'가 있었다는 것입니다. 또한 없다가 있기 이전, 즉 '없다가 없다'가 있었다는 것입니다.

자, 어느새 '없다'가 '있게' 되었습니다. 그러나 이것이 과연 있는 것인지 없는 것인지 알지 못하겠습니다. 내가 지금 무엇인가를 말했지만 이것이 과연 뭔가 말한 것인지 말하지 않은 것인지 알지 못하겠습니다. 세상에서 가장 큰 것은 가을철 짐승의 털끝秋毫이니 태산은 너무나 작은 것이고, 세상에서 가장 오래 산 것은 일찍 죽은 아이이니 팽조는 요절했다는 말은 과연 맞는 것일까요, 아닐까요?

천지도 나와 함께 생겨나고, 만물도 나와 함께 하나가 됩니다. 그러니 하나가 되는 것을 말로 표현할 수 있을까요? 하지만 이미 하나라고 말을 했으니 말로 표현할 수 없는 것이라고 할 수 있을까요? '하나'와 '하나라는 말'이 합쳐지면 둘이 되고, '하나'와 '둘'이 합쳐지면 셋이 됩니다. 이렇게 되면 아무리 계산을 잘하는 사람이라도 셀 수가 없게 됩니다. 하물며 우리 같은 보통 사람은 어떻겠습니까? '없다'로부터 '있다'로 나아가는데도 이렇게 셋이 되는데 하물며 '있다'에서 '있다'로 나아가면 어떻게 되겠습니까? 그러니 나아가 미혹되지 말고 자연의 도에 따를 뿐입니다 因是._제물론

5-10.
지식은 옛사람의 찌꺼기

제나라 환공이 대청 위에서 글을 읽고 있었습니다.
그 아래에서 수레바퀴장이인 편扁이 수레바퀴를 깎
고 있었습니다. 그가 손에 들고 있던 망치와 끌을 놓
더니 환공에게 물었습니다. "전하께서 읽고 계신 것
이 무엇인지 감히 여쭈어 봐도 되겠습니까?"
환공이 대답했습니다. "성인의 말씀이다."
"성인은 살아계십니까?"
환공이 대답했습니다. "이미 돌아가셨다."
"그렇다면 전하께서 읽고 계신 것은 옛사람의 찌꺼
기이군요."
환공이 화를 벌컥 내며 말했습니다.
"무엄하다. 과인이 책을 읽고 있는데 한갓 수레바퀴
나 깎는 놈이 이러쿵저러쿵 하다니! 합당한 이유가

있으면 살려주겠지만 그렇지 않다면 죽어 버리겠다."

편이 대답했습니다.

"저는 제가 하고 있는 일을 미루어 그렇게 말씀드린 것입니다. 수레바퀴를 너무 여유 있게 깎으면 헐거워져 튼튼하지 못하고, 너무 꼭 맞게 깎으면 빡빡하여 들어가지 않습니다. 너무 여유 있게도 너무 꼭 맞게도 깎지 않는 것은, 손으로 터득하면서 마음으로 느낄 뿐 입으로 설명할 수는 없습니다. 거기에도 무엇인가 기술이 있기는 하지만 그것은 자식에게 가르쳐 줄 수도 없고 자식이 제게 배울 수도 없는 것입니다. 그래서 나이 칠십이 되도록 수레를 깎고 있는 것입니다. 옛사람도 말로 전할 수 없는 무엇인가와 함께 죽어 버렸습니다. 그러니 전하께서 읽고 계신 것은 옛사람의 찌꺼기가 아니겠습니까?"_천도

5-11.
물고기를 잡으면 통발을 잊는 법!

통발은 물고기를 잡는 도구입니다. 물고기를 잡으면 통발을 잊게 됩니다. 올가미는 토끼를 잡는 도구입니다. 토끼를 잡으면 올가미를 잊게 됩니다. 말은 뜻을 전달하기 위한 방편입니다. 뜻을 전달하고 나면 말을 잊게 됩니다. 그러나 세상이 그렇지 않으니 우리는 어디에서 말을 잊은 사람과 더불어 말을 할 수 있을까요? _ 외물

5-12.
옳고 그름의 기준이 과연 있을까요

설결齧缺이 스승 왕예王倪에게 물었습니다.
"스승님은 누구나 옳다고 여기는 그런 것을 알고 계십니까?
왕예가 대답했습니다. "내가 그것을 어찌 알겠니?"
설결이 또 물었습니다. "스승님은 스승님이 알지 못한다는 것을 알고 계신다는 것인지요?"
왕예가 대답했습니다. "내가 그것을 어찌 알겠니?"
설결이 또 다시 물었습니다. "그렇다면 우리는 사물의 옳고 그름에 대해 알 수 없는 것인가요?"
왕예가 대답했습니다.
"내가 그것을 어찌 알겠니? 하지만 한번 말해 보자. 내가 안다고 하는 것이 사실 알지 못하는 것이 아니라는 것을 어찌 알겠니? 또 내가 알지 못한다고 하는 것이 사실 아는 것이 아니라는 것을 어찌 알겠니?

또 너에게 한번 물어 보자. 사람은 습한 데서 자면 허리가 아프거나 한쪽이 마비가 된다. 미꾸라지도 그럴까? 사람은 나무 꼭대기에 올라가면 부들부들 떤다. 원숭이도 그럴까? 이 셋 중 누가 올바른 거처를 알고 있을까?

사람은 고기를 먹고, 사슴은 풀을 먹고, 지네는 뱀을 맛있어 하고, 올빼미는 쥐를 즐겨 먹는다. 이 넷 중에서 누가 올바른 맛을 알고 있을까?

원숭이는 편저猵狙와 짝을 맺고, 고라니는 사슴과 사귀고, 미꾸라지는 물고기들과 함께 헤엄친다. 모장毛嬙 : 월왕 구천의 후궁이나 여희麗姬 : 진나라 헌공의 비를 사람들은 아름답다고 하지만, 물고기는 물속 깊이 숨어 버리고, 새는 높이 날아 달아나고, 사슴들은 죽어라 뛰어 도망친다. 이 넷 중 누가 올바른 아름다움을 갖고 있을까?

내가 보기에 인의仁義의 이치나 시비是非의 길은 위와 같이 보는 사람에 따라 달라지는 복잡한 것이다. 내 어찌 그런 것들을 따지고 있겠느냐?"

설결은 말했습니다.

"스승님은 사물의 옳고 그름을 알지 못하시는군요. 지인은 원래 옳고 그름 따위를 모르는 건가요?"

왕예가 대답했습니다.

"지인은 신묘한 존재다. 큰 늪이 활활 타도 뜨거운 줄 모르고, 황하나 한수漢水가 꽁꽁 얼어붙어도 추운 줄 모르고, 천둥벼락이 산을 쪼개고 큰 바람이 바다를 뒤집어도 놀라지 않는다. 이런 사람은 구름 위에서 해와 달을 타고 세상 밖에까지 가서 노닌다. 죽고 사는 문제조차 그를 움직이게 하지 못하는데 하물며 옳고 그름의 끄트머리쯤이야." _제물론

5-13.
우리네 삶도 한바탕 꿈

구작자瞿鵲子가 장오자長梧子에게 물었습니다.

"제가 공자께 전해들은 이야기가 있습니다. 성인은 세상일에 안달복달하지 않고, 이로움에 매달리거나 손해를 피하려 하지도 않고, 도를 추구하는 걸 즐거워하지도 않고, 특별히 도를 따르려 하지도 않는답니다. 말하지 않고도 말을 한 것과 같고, 말을 하고도 말하지 않은 것과 같아서 세상 밖에서 노닌다는 이야기였습니다. 공자께선 이것을 허무맹랑하다고 하지만 저는 이것이 신묘한 도를 실천한 것처럼 여겨집니다. 선생님은 어떻게 생각하시는지요?"

장오자가 대답했습니다.

"이것은 황제黃帝가 들어도 어리둥절할 말인데 공자가 어찌 이해할 수 있겠소? 게다가 그대는 우물에서

숭능 찾듯 너무 성급합니다. 달걀을 보고 새벽을 알
리라고 하고, 시위를 떠난 화살을 보고 비둘기 구이
를 먹자는 셈이오. 내 허튼 소리 좀 하리다. 그대도 가
볍게 들어 보시오.

해와 달에 올라타서,
사방우주를 종횡하여,
천지만물과 하나 되니,
어지러움 그냥 둔 채,
귀천의 구별 없다.
사람들은 재빠르나,
성인은 어리숙하여,
만년세월 하나로 섞어,
만물이 스스로 그러한 채로,
서로를 감싸게 한다.

삶을 기뻐하는 것은 미혹 아닐까요? 죽음을 싫어하
는 것은 어릴 때 고향을 떠나 고향으로 가는 길을 모
르는 것과 같은 것이 아닐까요?
여희麗姬는 애艾라는 땅의 국경지기 딸이었소. 진나라
에 처음 잡혀왔을 때 너무 울어 옷깃이 흠뻑 젖을 정
도였다오. 그러나 왕의 첩이 되고 맛있는 고기를 먹

게 되자 오히려 울었던 것을 후회하였다오. 이처럼 죽은 사람들도 이전에 자기가 살려고 했던 것을 후회할지도 모르는 일 아니겠소?

꿈속에서 즐겁게 술 마시던 자가 아침에 일어나면 목 놓아 울고, 꿈속에서 통곡한 자가 아침에 일어나면 즐겁게 사냥을 나가기도 하지요. 꿈을 꿀 땐 그것이 꿈인지 모르지요. 꿈속에서 꿈을 꾸고 해몽하기도 합니다. 깨어난 후에야 비로소 그것이 꿈이라는 것을 압니다. 크게 깨어나면 우리네 삶도 한바탕 꿈이라는 것을 알 수 있지요. 하지만 어리석은 사람들은 스스로 깨어 있다고 여겨, 똑똑한 척, 현명한 척, 왕이니, 목동이니 구별을 합니다. 고루하지요. 공자도 그대도 모두 꿈이고, 그대들이 꿈꾼다고 말하는 것도 꿈입니다. 이런 것을 '기이한 이야기'[弔詭]라 합니다. 만대에 걸쳐 단 한 번이라도 그 뜻을 풀이하는 큰 성인을 만날 수 있다면, 만대의 세월도 하루처럼 짧은 것이지요." _제물론

5-14.
논증을 넘어 경계 없는 세계로

나와 당신이 논쟁을 벌이고 있다고 해봅시다. 만약 당신이 이기고 내가 졌다면 정말 당신이 옳고 내가 틀린 것인가요? 반대로 내가 이기고 당신이 졌다면 정말 내가 옳고 당신이 틀린 것인가요? 한쪽이 옳으면 다른 쪽은 반드시 틀린 것인가요? 양쪽이 다 옳거나 양쪽이 다 틀린 것인가요? 상대적 입장에 서 있는 당신과 내가 판단할 수 없습니다. 그렇다고 제삼자가 판단하기도 힘듭니다. 누구에게 올바른 판정을 시킬까요?

당신과 입장이 같은 사람은 이미 당신과 생각이 같은데, 어떻게 그가 올바르게 판정할 수 있겠습니까? 나와 입장이 같은 사람은 이미 나와 생각이 같은데, 어떻게 그가 올바르게 판정할 수 있겠습니까? 당신의 입장과도 나의 입장과도 다른 사람은 이미 우리와 다른데, 어떻게 그가 올바르게 판정하겠습니까? 당신의 입장과도 나의 입장과도 같은 사람은 이미 우리와 같은데, 어떻게 그가 올바르게 판정하겠습니까? 이렇게 나도, 당신도, 제삼자도 모두 올바르게 판정할 수 없습니다. 누구에게 기대할 수 있겠습니까?

시시비비의 소리는 대립하는 것 같지만 사실 대립하는 것이 아닙니다. 그것을 자연의 무한한 경계[天倪] 속에서 화합시켜 무한한 변화 속으로 뻗어나가게 합니다. 시시비비를 자연의 무한한 경계 속에서 화합시킨다는 것은 무슨 말일까요? 옳다, 옳지 않다 혹은 그렇다, 그렇지 않다와 관련하여, 옳다는 것이 정말로 옳다면, 그것이 옳지 않은 것이 아니라는 것을 논증할 필요가 없습니다. 그렇다는 것이 정말 그러한 것이라면, 그것이 그렇지 않은 것이 아니라는 것을 논증할 필요가 없습니다. 생사도 잊고, 시비도 잊고 경계 없는 세상으로 뻗어나가, 그곳에서 머물도록 하십시오. _제물론

5-15.
그림자의 그림자

그림자의 그림자[罔兩]가 그림자[景]에게 물었습니다.
"당신은 걷는가 하면 멈추고 앉아 있는가 하면 일어
서니 왜 그리 줏대가 없소?"
그림자가 대답합니다.
"나도 너처럼 다른 것에 의존하고 있어서 그렇지 않
을까? 그런데 내가 의존하고 있는 것 역시 다른 것에
의존하고 있어서 그렇지 않을까? 그렇다 해도 나는
뱀이 비늘에 의존하는 것이나 매미가 날개에 의존하
는 것처럼 의존하는 것은 아니지 않을까? 따라서 내
가 어째서 그런지 그 이유도 모르고, 그렇지 않은 이
유도 모른다." _ 제물론

5-16.
장자의 꿈, 나비의 꿈

어느 날 장자는 꿈을 꾸었습니다. 꿈속에서 훨훨 날아다니는 나비였습니다. 마음 내키는 대로 날아다니다 보니 자기가 장자라는 것도 몰랐습니다. 퍼뜩 깨어 보니 놀랍게도 다시 장자였습니다. 장자가 꿈을 꾸어 나비가 되었는지, 나비가 꿈을 꾸어 장자가 되었는지 모르겠습니다. 하지만 장자와 나비는 반드시 구별이 있습니다. 이것을 일러, '만물의 변화'[物化]라 합니다. _제물론

낭송Q 큰글자책 시리즈
제자백가편
낭송 장자

6부
죽음까지 품는 진인

6-1.
진인眞人, 불에서도 타지 않는 자[진인론 ①]

하늘이 하는 일을 알고 사람이 하는 일을 아는 사람은 지극합니다. 하늘이 하는 일을 아는 사람은 자연 그대로 살아갑니다. 사람이 하는 일을 아는 사람은 자신의 지식으로 알 수 있는 것을 가지고 자신의 지식으로 알 수 없는 것을 기릅니다. 그렇게 하여 천수를 누리고 중도에 요절하지 않는 것, 그것이 인간 지혜의 최고 경지입니다.

그러나 아직 한계가 있습니다. 앎이란 근거가 있어야 타당해지는데 그 근거가 아직 확정되지 않았다면 내가 자연이라 말한 것이 인위가 아니고 인위라 말한 것이 자연이 아닌지 어찌 알겠습니까? 참된 사람[眞人]이 있어야 참된 지혜[眞知]가 있게 됩니다.

참된 사람, 즉 진인眞人이란 어떤 사람일까요?

옛날의 진인은 하찮다고 무시하지 않았고, 잘났다고 뽐내지 않았으며, 억지로 일을 꾸미지도 않았습니다. 그는 잘못했다고 후회하지 않았고, 잘했다고 자만하지 않았습니다. 높은 곳에 올라가도 두려워하지 않았고, 깊은 물에 들어가도 빠지지 않았으며, 활활 타는 불 속에서도 뜨거워하지 않았습니다. 이는 지혜가 도에 이른 자만이 할 수 있는 것입니다.

옛날의 진인은 잠을 자도 꿈꾸지 않았고, 깨어서도 근심이 없었습니다. 먹을 때는 맛있는 것을 구하지 않고, 대신 숨 쉴 때 깊고 깊었습니다. 진인은 발뒤꿈치로 숨을 쉬지만 보통사람은 목구멍으로 숨을 쉽니다. 구부리면 목에서 나는 소리가 막히듯이 맛있는 것만 찾으면 타고난 생기[天機]가 얕아집니다.

옛날의 진인은 삶을 좋아할 줄도 모르고 죽음을 싫어할 줄도 몰라, 태어난 것을 기뻐하지도 않고 죽는 것을 거부하지도 않았습니다. 무심히 왔다가 무심히 갈 뿐이었습니다. 삶이 시작된 곳을 잊지 않았지만 삶이 언제 끝나는지 알려 하지도 않았습니다. 생명을 얻어 기쁘게 살다가 때가 되면 잊고 자연으로 돌아갑니다. 이처럼 하는 것을 분별심으로 도를 손상시키지 않고 인위를 자연에 덧붙이지 않는다는 것입니다. 이런 사람이 진인입니다.

이런 사람은 마음이 한결같고 모습이 조용하고 이마가 널찍합니다. 서늘하기가 가을과 같고 따뜻하기가 봄과 같습니다. 즉 기뻐하고 슬퍼하는 감정이 사계절의 변화처럼 자연스러워 사물과 어울리는 데 어떤 제약도 없습니다.

그러므로 성인은 무력으로 다른 나라를 멸망시켜도 인심을 잃지 않습니다. 만대에 걸쳐 은혜를 베풀어도 특별한 편애가 없습니다. 그러므로 사물에 통달하려는 자는 성인이 아닙니다. 사람을 사랑하려는 자는 인자가 아닙니다. 자연의 때를 일부러 맞추려는 자는 현자가 아닙니다. 이로움과 해로움을 구별하려는 자는 군자가 아닙니다. 명예를 위해 자신을 망치는 사람은 선비가 아닙니다. _ 대종사

6-2.
진인, 세상 속에서 무심히 사는 자[진인론 ②]

옛날의 진인은, 그 모습이 우뚝 솟았으나 무너지는 일이 없었고, 뭔가 부족하지만 받는 일이 없었고, 홀로 서 있지만 완고하지 않았고, 크고 넓었으나 겉치레가 없었습니다. 밝고 당당한 듯했지만 어쩔 수 없이 부득이한 듯도 했습니다. 환하게 자신의 기쁨을 드러내기도 했지만 고요히 타고난 덕을 간직하고 있었습니다. 널리 세상과 어울렸지만 세상의 모든 제약을 초탈했습니다. 일부러 말을 하지 않은 듯했지만 무심히 말을 잊은 듯도 했습니다.

즉 세상의 법칙[刑]을 몸으로 삼고, 예禮를 날개로 삼고, 지知를 때로 삼고, 덕德을 따르는 것으로 삼습니다. 세상의 법칙을 몸으로 삼는다는 것은 세상일을 잘 안다는 것입니다. 예를 날개로 삼는다는 것은 세상에서 받아들여진다는 것입니다. 지를 때로 삼는다는 것은 일을 해야 할 때를 안다는 것입니다. 덕을 따르는 것으로 삼는다는 것은 발 있는 자라면 누구나 갈 수 있는 언덕에 오른다는 것입니다. 그런데도 사람들은 진인이 애써서 언덕에 올랐다고 생각합니다. 그러므로 진인은 좋아하는 것과도 하나이고, 좋아하지 않는 것과도 하나입니다. 하나인 것과도 하나이고, 하나가 아닌 것과도 하나입니다. 하나는 하늘의 동료이고, 하나가 아닌 것은 사람의 동료입니다. 하늘의 일과 사람의 일이 서로 다투지 않는 것, 이것을 체득한 사람이 진인입니다. _ 대종사

6-3.
도道, 천하를 천하 속에 감추기[진인론 ③]

죽고 사는 것은 운명입니다. 밤낮이 간단없이 이어지
듯 자연스러운 것입니다. 사람으로 어쩔 수 없는 일
이 있다는 것이 세상의 현실[情]입니다.

사람들은 하늘을 부모로 여겨 몸 바쳐 사랑하는데,
하늘보다 뛰어난 것을 위해 그러지 않을 수 있을까
요? 사람들은 군주를 자기보다 훌륭하다고 여겨 몸
바쳐 죽기도 하는데, 군주보다 더 참된 것을 위해 그
러지 않을 수 있을까요?

샘이 말라서 물고기가 뭍에 드러나면 서로 물기를 뿜
어 주고 거품으로 적셔 주지만, 이는 강이나 호수에
서 서로 잊고 사는 것보다 못합니다. 요堯를 칭찬하고
걸桀을 비난하지만 이는 둘 다 잊고 도와 함께 변화하
는 것[化其道]보다 못합니다. 자연은 나에게 몸을 주어 태어나게 하고 삶을 주어 애쓰며 살게 하고 늙음을 즈어 편안하게 하고 죽음을 주어 쉬게 합니다. 그러므로 삶을 좋다고 여기면 죽음도 좋다고 여기는 셈입니다.

세상에서는 배를 골짜기에 감추거나 어망을 못에 숨기는 것이 가장 잘 숨기는 방법이라고 생각합니다. 그러나 한밤중에 아주 힘 센 사람이 그것을 들쳐 메고 달아나도 잠자는 사람은 이를 알아채지 못합니다. 작고 큰 것을 각각 적당한 데 잘 감추어도 잃어버릴 수가 있습니다. 만약 천하를 천하 속에 감춘다면 잃는 것이 없습니다. 이것이 변함없는 세상의 이치[情]입니다.

우리는 사람으로 태어났다는 것을 기뻐합니다. 그러나 사람의 모습이 끝없이 변화한다면 그 기쁨이란 부질없는 것 아닐까요? 그러므로 성인은 어떤 것도 잃어버릴 수 없는 곳, 모든 것이 그 자체로 존재하는 곳에서 놉니다. 일찍 죽어도 좋고, 오래 살아도 좋고, 태어나도 좋고, 죽어도 좋아합니다. 사람들은 그런 성인을 본받으려 하는데 하물며 만물이 매여 있고 만물의 변화가 의지하는 도라면 더욱 그래야 하지 않겠습니까? _ 대종사

6-4.
도, 만물을 생성시키는 힘[진인론 ④]

도가 있다는 사실은 의심의 여지가 없지만 구체적 행위도 뚜렷한 모습도 볼 수 없습니다. 전할 수는 있어도 받을 수는 없고 터득할 수는 있어도 볼 수는 없습니다. 스스로 자신의 근거가 되어 하늘과 땅이 생기기 이전부터 존재했습니다.

도는 귀신과 상제를 신령하게 하여 하늘과 땅을 낳았습니다. 태극보다 먼저 있었지만 고원하다고 하지 않으며, 천지사방 가장 깊숙한 곳에 있지만 심원하다고 하지 않습니다. 천지보다 앞서 있었지만 유구하다고 하지 않으며, 태고보다 오래되었지만 늙었다고 하지 않았습니다.

시위씨狶韋氏는 도를 터득하여 하늘과 땅을 열었고, 복희씨伏羲氏는 도를 터득하여 기를 섞어 만물을 만들었고, 북두칠성은 도를 터득하여 변함없이 운행하고, 해와 달은 도를 터득하여 영원히 쉬지 않습니다. 감배坏墥는 도를 터득하여 곤륜산으로 들어갔고, 풍이馮夷는 도를 터득하여 황하에서 노닐었고, 견오肩吾는 도를 터득하여 태산에 머물렀습니다. 황제는 도를 터득하여 구름 위의 하늘에 올랐고, 전욱顓頊은 도를 터득하여 현궁에 살았고, 우강禺强은 도를 터득하여 북극에 섰고, 서왕모西王母는 도를 터득하여 소광산에 자리잡았습니다. 팽조는 도를 터득하여 순임금 시대부터 오패의 시대까지 살았고, 부열傅說은 도를 터득하여 무정武丁을 도와 천하를 소유하였으며, 죽은 뒤 동유성東維星을 타고 기성騎星과 미성尾星에 올라 뭇별과 나란히 빛나고 있습니다. _ 대종사

6-5.
여우女偶가 가르치는 득도의 단계

남백자규南伯子葵가 여우女偶에게 물었습니다.

"그대는 나이가 많은데 얼굴빛은 아이 같군요. 어떻게 그렇습니까?"

여우가 대답했습니다.

"도를 들었기 때문이지요."

남백자규가 다시 물었습니다.

"도란 배울 수 있는 것입니까?"

여우가 대답했습니다.

"음, 어렵지 않을까요? 그대는 그럴 만한 사람이 못됩니다.

복량의卜梁倚는 성인의 재질[才]은 있으나 성인의 도가 없고, 나는 성인의 도는 있지만 성인의 재질이 없었습니다. 나는 그를 가르치고 싶었습니다. 어쩌면 성인이 될지도 모른다고 생각하면서. 그렇지 않더라도 성인의 도를 성인의 재질이 있는 사람에게 가르치는 것은 쉬운 일입니다.

나는 그를 지켜보며 가르쳤습니다. 사흘 후 그는 천하[天下]를 잊었습니다. 다시 지켜보며 가르치니, 이레 후 그는 외부사물[物]을 잊었습니다. 다시 지켜보며 가르치니, 아흐레 후 그는 삶[生]을 완전히 잊었습니다. 삶을 잊자 '밝은 깨달음'[朝徹]을 얻었고, '밝은 깨달음'을 얻자 홀로 우뚝 선 도와 하나가 되었고, 도와 하나가 되자 과거와 현재가 사라졌고, 과거와 현재가 사라지자 비로소 죽음도 삶도 넘어선 경지에 들어설 수 있었습니다.

살아 있는 것을 죽게 하는 것은 스스로 죽지 않고, 살아 있는 것을 살게 하는 것은 스스로 태어나지 않습니다. 그것은 보내지 않는 것이 없고, 맞이하지 않는 것이 없고, 허물지 않는 것이 없고, 이루지 않는 것이 없습니다. 이것을 '영령'[攖寧]이라 합니다. '영령'이란 사물과 떨어지지 않은 채 평온함을 유지하는 것을 말하는 것입니다."

남백자규가 다시 물었습니다.

"당신은 이런 이야기를 어디서 들었습니까?"

여우가 대답했습니다.

"부묵副墨의 아들에게서 들었는데, 부묵의 아들은 낙송洛誦의 손자에게서 들었고, 낙송의 손자는 첨명瞻明에게 들었고, 첨명은 섭허聶許에게 들었고, 섭허는 수역需役에게서 들었고, 수역은 오구於謳에게 들었고, 오구는 현명玄冥에게서 들었고, 현명은 참료參寥에게 들었고, 참료는 의시疑始에게서 들었답니다."_ 대종사

6-6.
팔이 변해 닭이 되면 새벽을 알리리라

자사子祀, 자여子輿, 자리子犁, 자래子來 네 사람이 함께 이야기를 나누고 있었습니다.

"없음을 머리로 삼고, 삶을 등으로 삼고, 죽음을 꼬리로 삼아 사생존망死生存亡이 모두 한 몸이라는 것을 알고 있는 사람은 누구일까? 난 이런 사람과 벗하고 싶네."

네 사람이 마주보고 웃었습니다. 서로 통하는 바가 있어 넷은 모두 벗이 되었습니다.

얼마 후 자여가 병에 걸렸습니다. 자사가 문병을 가서 자여를 보고 말했습니다.

"위대하구나, 조물자! 그대를 이렇게 곱사등이로 만들었구나!"

그의 창자는 위쪽으로 올라붙었으며, 턱은 배꼽에 파

묻혔고, 어깨는 정수리보다 높았으며, 상투만 달랑 하늘을 향해 있었습니다. 음양의 기가 흐트러져 많이 아파 보였으나 마음은 평온해 보였습니다.

자여는 비틀거리며 우물로 가서 자신을 비춰 보고 말했습니다.

"위대하구나, 조물자! 나를 이렇게 곱사등이로 만들었구나!"

자사가 물었습니다.

"자네는 그 모습이 싫은가?"

자여가 말했습니다.

"아니네, 그럴 리가 있는가? 내 왼팔이 점점 변해 닭이 된다면 나는 새벽을 알리겠네. 내 오른팔이 점점 변해 활이 된다면 나는 올빼미를 잡아 구워먹겠네. 내 꼬리뼈가 점점 변해 수레바퀴가 되고 내 마음이 말이 된다면, 그것을 탈 테니 따로 수레가 필요하겠는가? 삶을 얻는 것도 때를 만났기 때문이고 그것을 잃는 것도 때를 따르는 것일 뿐일세. 생사를 편안히 때의 추이에 맡기면[安時而處順] 슬픔과 기쁨이 끼어들 여지가 없다네. 옛사람들은 이를 일러 '하늘이 내린 형벌에서 풀려나는 것'[懸解]이라 하였네. 그런데 스스로 풀려나지 못하는 것은 사물에 얽매여 있기 때문이지. 하지만 사물이 자연의 이치를 이기지 못한다는 것은 오래된 진실! 내가 무엇을 싫어하겠는가?"

얼마 후 자래도 병에 걸렸습니다. 가쁘게 숨을 쉬는 게 곧 죽을 것 같았습니다. 부인과 아이들이 울고 있었습니다. 자리가 문병을 가서 그들에게 말했습니다.

"쉿, 저리 가세요. 죽어서 돌아가는 자를 놀라게 하지 마십시오."

자리는 문에 기대 자래에게 말했습니다.

"위대하군, 이 자연의 조화造化가! 자네를 어떻게 하려는 것일까? 자네를 어디로 보내려는 것일까? 자네를 쥐의 간으로 만들려나? 자네를 벌레의 팔뚝으로 만들려나?"

자래가 대답했습니다.

"자식은 부모가 동서남북 어디로 가라 해도 그 말을 들어야 하지. 사람에게 음양이란 부모보다 더하네. 그것이 나를 죽음으로 다가가게 하는데 내가 듣지 않는다면 내가 고집부리는 것이야. 그것이 무슨 잘못이겠는가? 자연은 나에게 몸을 주어 태어나게 하고, 삶을 주어 애쓰며 살게 하고, 늙음을 주어 편안하게 하고, 죽음을 주어 쉬게 하지. 그러니 삶을 좋다고 여기면 죽음도 좋다고 여겨야 하지 않겠는가?

지금 대장장이가 쇠를 녹여 무엇인가 만드는데 쇠가 튀어 올라 '나는 꼭 막야莫耶 같은 명검이 될 테야'라

고 한다면 대장장이는 필시 그것을 불길하다 여길 것
이네. 마찬가지로 한번 인간의 몸을 취했다고 '사람
으로만, 사람으로만'이라고 한다면 조화자造化者는 필
시 그 사람을 불길하다 여기지 않겠는가? 천지를 큰
화로로 여기고 조화를 대장장이로 여긴다면 어디로
간들 무슨 대수겠는가? 편안히 잠들고 홀연히 깨어
날 뿐!"_대종사

6-7.
기인畸人이란?

자상호子桑戶, 맹자반孟子反, 자금장子琴張 세 사람이 함께 이야기를 나누고 있었습니다.

"사귀려는 생각 없이 서로 사귀고, 위한다는 생각 없이 서로 위하게 되는 사람들은 누구일까? 하늘에 올라 안개 속에서 노닐고 끝없는 곳에서 자유롭게 거닐면서 삶을 잊은 채 무한히 사는 사람은 누구일까?"

세 사람이 마주보고 웃었습니다. 서로 통하는 바가 있어 셋은 모두 벗이 되었습니다.

한동안 별일 없이 지내다가 갑자기 자상호가 죽었습니다. 공자가 제자인 자공을 보내 장례를 돕도록 하였습니다. 그런데 어떤 사람은 누에 채반을 만들고, 어떤 사람은 거문고를 켜면서 함께 노래하고 있었습니다.

"아, 상호여! 아, 상호여! 그대는 이미 참된 세계[眞]로 돌아갔는데 우리는 아직도 사람이구나!"

자공은 잰걸음으로 달려가 물었습니다.

"감히 묻겠습니다. 주검 앞에서 노래를 부르는 것이 예禮입니까?"

두 사람이 마주보고 웃으면서 말하였습니다.

"이 사람이 어떻게 예를 알겠는가."

자공이 돌아와 공자에게 그 일을 말씀드렸습니다.

"그들은 도대체 어떤 사람들입니까? 아무것도 없는 것[無有]을 수행한다면서 생사를 도외시하고, 주검 앞에서 노래나 하면서 낯빛 하나 바꾸지 않으니, 저로서는 뭐라 불러야 할지 모르겠습니다. 그들은 도대체 어떤 사람들입니까?"

공자가 대답하였습니다.

"그 사람들은 세상 밖에서 노니는 자들이고 나는 세상 안에서 노니는 자이다. 밖과 안은 서로 상관치 않는 법인데 너를 문상 보냈구나. 내 생각이 짧았다. 저들은 한창 조물자와 짝이 되어 천지 기운을 타고 있다. 그들은 삶을 혹처럼 여기고 죽음을 종기를 터뜨리는 것쯤으로 여긴다. 그런 사람들이 어찌 삶과 죽음 중에 어떤 것이 앞이고 어떤 것이 뒤라고 생각하겠느냐? 인간이란 서로 다른 것들을 잠시 빌려 한 몸에 의탁하는 것일 뿐! 간이나 쓸개 같은 것도 잊고, 귀나 눈 같은 것도 버려둔 채, 삶과 죽음을 반복한다. 세속 밖에서 무심히 노닐며 무위無爲의 경지에서 자유롭게 거닌다[逍遙]. 그들이 어찌 번거롭게 세속의 예를 지키면서 사람들의 이목을 끌려고 하겠느냐?"

자공이 물었습니다.

"그렇다면 선생님은 어떤 세상을 따르시겠습니까?"

공자가 대답하였습니다.

"나는 하늘의 벌을 받은 사람이다. 그렇지만 나는 너와 함께 그 세상을 향하려 한다."

자공이 물었습니다.

"그 세상이 어떤 세상입니까?"

공자가 대답하였습니다.

"물고기는 물을 얻어야 살고 사람은 도를 얻어야 산다. 물을 얻는 일은 못을 파주는 것으로 충분하고, 도를 얻는 일은 번거로운 일에서 벗어나는 것으로 충분하다. 그래서 물고기는 강과 호수에서 서로를 잊고 사람들은 도에서 서로를 잊는다고 했다."

자공이 물었습니다.

"그러면 기인畸人이란 어떤 사람인가요?"

공자가 대답하였습니다.

"기인이란 사람들의 기준에서 기이할 뿐, 하늘과는

다르지 않다. 그래서 하늘의 소인은 세속의 군자요,
하늘의 군자는 세속의 소인이라 하는 것이다."_대종사

6-8.
맹손재가 곡하며 울지 않은 이유는?

안회가 공자에게 물었습니다.

"맹손재孟孫才는 그의 어머니가 돌아가셨을 때, 곡은 하면서도 눈물을 흘리지 않았고, 마음으로부터 슬퍼하지 않았으며, 상을 치르면서 애달파하지 않았습니다. 이 세 가지가 없었는데도 상을 잘 치렀다는 소문이 노나라에 자자합니다. 실제 마음으로 슬퍼하지 않았는데도 이렇게 명성을 얻는 경우가 있습니까? 참 이상합니다."

공자가 대답했습니다.

"맹손씨는 자기 할 일을 다했다. 상례喪禮를 알고 있는 자보다 훌륭하다. 상례란 간소하게 치르기 어려운 법인데 그는 이미 간소하게 치렀다.

맹손씨는 삶의 이유도, 죽음의 이유도, 무엇이 앞서

야 하는지도, 무엇이 뒤따라야 하는지도 알려 하지
않았다. 무엇으로 변해도 따르면서 자기로서는 알 수
없는 변화를 기다릴 뿐이다. 또한 내가 변화하려 한
들 그것이 변화가 아니라는 것을 어찌 알며, 내가 변
화하지 않으려 한들 그것이 변화라는 것을 어찌 알겠
는가? 나와 너는 단지 꿈속에서 아직 깨어나고 있지
못한 것일 수도 있다.

그는 인간의 몸은 변해도 마음은 손상되지 않는다고
여겼다. 임시 숙소가 바뀐 것이지 정말로 죽는 것은
아니기 때문이다. 맹손씨는 홀로 꿈에서 깨어났다.
남이 곡을 하면 자기도 곡을 했지만 사람들이 그렇게
하기 때문이었다. 또한 사람들은 서로 '나'라고 하지
만 그렇게 말하는 것이 나라는 것을 어찌 알겠느냐?
너는 꿈에 새가 되어 하늘을 날기도 하고 물고기가
되어 연못 속으로 들어가기도 하지 않느냐? 알 수 없
다. 지금 말하고 있는 내가 깨어 있는 것인지, 꿈속에
있는 것인지.

잠시의 쾌락은 즐겁게 웃는 것만 못하고, 즐겁게 웃
는 것은 자연의 변화에 따르는 것보다 못하다. 자연
의 추이에 따라 자연스럽게 변화하면 텅 비고 끝없는
하늘로 들어가 그것과 하나가 된다."_대종사

6-9.
다시 풀무 속으로 들어갈래요

의이자意而子와 만난 허유許由가 물었습니다.

"요임금이 자네에게 무엇을 가르쳐주던가?"

의이자가 대답했습니다.

"요임금께서는 저에게 인의仁義를 몸소 실천하고, 시비是非를 분명히 말하라고 하셨습니다."

허유가 말했습니다.

"그런데 어째서 나를 찾아왔는가. 요임금이 이미 자네에게 인의를 이마에 새겨 넣는 형벌을, 시비로 코를 자르는 형벌을 가했다네. 자네가 무슨 수로 변화무쌍한 길에서 자유분방하고 유유자적하게 노닐 수 있겠는가?"

의이자가 대답했습니다.

"그렇다 하더라도 저는 그 언저리에서나마 노닐고

싶습니다."

허유가 대답하였습니다.

"그럴 수 없다. 장님은 아름다운 눈썹이나 얼굴을 볼 수 없고, 소경은 파랗고 노랗게 수놓은 무늬를 볼 수 없다."

의이자가 말했습니다.

"무장无庄이 자신의 아름다움을 잊고, 거량據梁이 자신의 힘을 잊고, 황제皇帝가 자신의 지혜를 잊은 것은 모두 풀무와 망치 사이에서입니다. 조물자가 이마에 새겨진 것을 지우고 잘린 코를 되살려 저를 다시 온전하게 만든 후, 선생님을 따르게 할지 모르는 일 아닙니까?"

허유가 대답했습니다.

"오! 그럴 수도 있겠구나. 그래, 내가 말해 주마. 스승이여! 스승이여! 나의 스승은 만물을 만들었지만 의롭다고 하지 않고, 만대에 걸쳐 은혜를 베풀지만 어질다고 하지 않는다. 태고보다 오래되었지만 늙었다고 하지 않고, 하늘은 덮게 하고 땅은 싣게 하여 온갖 것을 조각하지만 재주라고 하지 않는다. 여기가 스승님이 노니는 곳이다."_대종사

6-10.
좌망坐忘 : 육체를 떠나고 지식을 버리다

안회와 공자가 이야기를 나눕니다.

안회 "저에게 진척이 있습니다."

공자 "무슨 소리냐?"

안회 "저는 인의仁義를 잊었습니다."

공자 "좋다. 하지만 아직 멀었다."

얼마 후 두 사람이 다시 이야기를 나눕니다.

안회 "저에게 진척이 있습니다."

공자 "무슨 소리냐?"

안회 "저는 예악禮樂을 잊었습니다."

공자 "좋다. 하지만 아직 멀었다."

또 얼마 후 두 사람이 다시 이야기를 나눕니다.

안회 "저에게 진척이 있습니다."

공자 "무슨 소리냐?"

안회 "저는 좌망坐忘하게 되었습니다."

공자 (깜짝 놀라며) "좌망? 그것이 무엇이냐?"

안회 "사지육신을 잊고, 눈과 귀의 작용을 멈춥니다. 육체를 떠나고 지식을 버려서 자연의 큰 도[大通]와 하나가 되었습니다. 이것이 좌망입니다."

공자 "도와 하나가 되면 좋다 싫다가 없어진다. 변화에 따르게 되니 집착할 것도 없다. 너야말로 어진 사람이다. 부디 너를 따르게 해다오." _ 대종사

6-11.
운명〔命〕

자여子輿와 자상子桑은 친구였습니다. 장마가 열흘이
나 계속되자 자여가 혼자 중얼거렸습니다.
"자상이 굶주려 병들었을지도 몰라."
자여는 먹을 것을 싸들고 자상에게 갔습니다. 자상의
집 앞에 이르자 노래하는 것 같기도 하고 곡 하는 것
같기도 한 소리가 들렸습니다. 자상이 거문고를 타면
서 "아버지인가 어머니인가? 하늘인가 사람인가?"라
며 힘겹게 읊조리는 소리였습니다.
자여가 들어가서 자상에게 물었습니다.
"자네 소리가 왜 이 지경인가?"
자상이 대답했습니다.
"나를 이 지경에 이르게 한 자가 누구인지 생각해 보
았지만 알 수 없었네. 부모가 어찌 내가 가난하기를

바랐겠는가? 하늘은 사심 없이 모두를 덮어 주고 땅
도 사심 없이 모두를 실어 주니, 어찌 하늘과 땅이 사
사로이 나를 가난하게 하였겠는가? 나를 이렇게 만
든 자를 찾았지만 알 수 없었네. 내가 지금 이 지경에
이른 것, 이것은 운명[命]일세.”_대종사

6-12.
삶이란 잠시 빌린 것

지리숙支離叔이 골개숙滑介叔과 함께 명백冥伯의 언덕에서 시작하여 곤륜崑崙산을 지나 황제가 머물렀던 곳까지 유람하였습니다. 갑자기 골개숙의 왼쪽 팔꿈치에 버드나무가 자라났습니다. 골개숙이 당황하는 꼴이, 마치 그것을 싫어하는 것 같았습니다.

지리숙이 말했습니다.

"그대는 그것이 싫은가?"

골개숙이 대답했습니다.

"아니, 그럴 리가 있는가? 삶이란 잠시 빌리는 것! 삶이란 먼지나 티끌 같은 것! 삶과 죽음은 낮밤의 교대 같은 것! 또 지금 자네와 함께 만물의 변화를 보고 있는 중인데, 마침 내게까지 변화가 미쳤으니, 내 어찌 그것을 싫어하겠는가." - 지락

6-13.
장자와 해골의 문답

장자가 초나라로 가던 도중 앙상하게 형체만 남은 해골을 보았습니다. 장자는 말채찍으로 해골을 탁탁 두드리면서 말했습니다.

"그대는 삶을 탐하다 양생의 도를 잃어 이 꼴이 된 것이냐? 아니면 나라를 망칠 큰 죄를 짓고 참형에 처해져 이 꼴이 된 것이냐? 아니면 그대가 한 짓으로 부모처자를 욕보일까 두려워 스스로 목숨을 끊어 이 꼴이 된 것이냐? 아니면 춥고 배고파 이 꼴이 된 것이냐? 아니면 수명이 다해 이 꼴이 된 것이냐?"

그러고 나서 해골을 끌어다가 베고 누워 잠이 들었습니다. 한밤중에 해골이 꿈에 나타나서 말했습니다.

"너의 말이 꼭 변사辯士의 연설 같구나. 그러나 네 말은 모두 산 사람들의 걱정거리이다. 죽으면 그런 건

없다. 혹시 죽음의 세계에 대해 들어 보겠느냐?"

장자가 좋다고 하니 해골이 말을 이어갔습니다.

"죽으면 위로는 군주도 없고, 아래로는 신하도 없으며, 계절에 따라 애써야 할 일도 없다. 느긋하게 마음 내키는 대로 천지자연의 시간을 사계절로 삼으니, 비록 천하를 다스리는 왕의 즐거움이라도 이보다 더 즐거울 수는 없는 법이다."

장자는 도저히 믿을 수가 없어서 이렇게 말했습니다.

"내가 생명을 주관하는 신[司命]에게 부탁해 그대의 형체를 복구시키고, 뼈와 살과 피부를 만들어 준 후, 그대의 부모처자와 마을 친구들에게 돌려보내 주겠다면, 그대는 그것을 원하시는가?"

해골은 눈살을 심하게 찌푸리면서 말했습니다.

"내 어찌 왕의 즐거움보다 더 큰 즐거움을 버리고 인간세상의 고통을 다시 겪겠는가?"_ 지락

6-14.
청령은 정을 낳고, 정은 말을 낳고, 말은 인간을 낳고

열자가 여행 도중 길에서 밥을 먹게 되었습니다. 그때 백 년 묵은 해골을 보게 되었습니다. 열자는 쑥대를 뽑아 해골을 가리키며 말했습니다.

"오직 나와 그대만이, 그대가 죽어 버린 것도 아니고 본래 살아 있었던 것도 아니라는 것을 알고 있네. 그대가 죽었다고 슬퍼하겠는가? 또 내가 살아 있다고 기뻐하겠는가?

만물의 씨에는 미묘한 작용[幾]이 있어, 그것이 물과 만나면 단이라는 수초가 되고, 습지를 만나면 갈파래[蠅蟺之衣]라는 이끼가 되고, 흙을 만나면 질경이[陵舃]가 된다네. 질경이가 거름더미를 만나면 오족烏足이라는 독초가 되고, 오족의 뿌리는 굼벵이[蠐螬]가 되고, 그 잎사귀는 나비[胡蝶]가 되지.

나비는 조금 있다가 변해 벌레가 되는데, 아궁이 밑에서 생겨날 때는 그 모양이 매미껍질 같아서 이름을 귀뚜라미[鳴掇]라 하네. 이 귀뚜라미는 천 일이 지나면 변화하여 새가 되는데 그 새 이름을 간여골乾餘骨이라 하지. 간여골의 침은 쌀벌레[斯彌]가 되고, 쌀벌레는 눈에놀이벌레[食醯]가 되고, 이로頤輅벌레는 눈에놀이벌레에서 생겨난다네. 황황黃軦벌레는 구유九猷벌레에서 생겨나고, 구유벌레는 무예瞀芮벌레에서 생겨나며, 무예벌레는 부권腐蠸벌레에서 생겨나지.

양해羊奚라는 풀은 죽순이 나지 않는 오래 된 대와 합쳐 청령靑寧벌레를 낳는데, 청령벌레가 정程이라는 짐승을 낳고, 정은 말[馬]을 낳고, 말은 사람을 낳지. 그리고 사람은 씨의 미묘한 작용으로 다시 들어가니 이처럼 만물은 모두 미묘한 작용에서 생겨나 미묘한 작용으로 돌아가는 것일세."_지락

6-15.
똥 덩어리에도 도가 있다

동곽자東郭子와 장자가 도에 대해 묻고 답합니다.

동곽자 "소위 도라는 것은 어디에 있는 것입니까?"

장자 "있지 않은 곳이 없습니다."

동곽자 "좀더 구체적으로 말씀해 주십시오."

장자 "땅강아지와 개미에게 있소."

동곽자 "그렇게 하찮은 곳에 있습니까?"

장자 "돌피와 피에도 있소."

동곽자 "더 하찮은 곳에도 있다는 것입니까?"

장자 "기왓장과 벽돌에도 있소."

동곽자 "점점 더 심해지는 것 같습니다."

장자 "똥과 오줌에도 있소."

동곽자는 아무 말도 하지 않았습니다. _ 지북유

낭송Q 큰글자책 시리즈
제자백가편
낭송 장자

7부
자유, 세속에서 세속넘기

7-1.
소가 되라면 소가 되고

설결齧缺이 왕예王倪에게 질문을 했습니다. 네 번 물었는데 네 번 모두 모른다고 하였습니다. 설결은 뛸 듯이 기뻐하면서 스승 포의자蒲衣子에게 가서 이 말을 전했습니다. 포의자가 말했습니다.

"너는 이제야 그것을 알았느냐? 그 점에서는 순임금有虞氏도 태씨泰氏에 미치지 못하였다. 순임금은 인仁으로 사람들을 다스리니 인심을 얻을 수 있었다. 그러나 시비를 따지는 데서 벗어나지 못했다. 태씨는 잠들면 편안하고 깨면 무심하여, 다른 사람이 말이라 하면 자기를 말이라 여기고, 다른 사람이 소라 하면 자기를 소라 여겼다. 그러나 그 지혜는 실로 믿음직스럽고, 그 덕은 매우 참되었으니 시비 따위에 빠진 적이 없다."_ 응제왕

설결이 스승인 피의被衣에게 도를 닦는 방법을 물었습니다. 피의가 대답했습니다.

"몸을 바르게 하고 시선을 한결같게 하면 음양의 조화가 찾아들 것이다. 지식을 거두고 마음을 한결같게 하면 순수한 기가 깃들 것이다. 그러면 덕이 너를 훌륭하게 해주고 도가 너와 함께할 것이다. 너는 갓 태어난 송아지처럼 무심할 뿐 세상사의 이유 따위를 알려 하지 않게 된다."

피의의 말이 채 끝나기도 전에 설결은 잠이 들었습니다. 그 모습을 본 피의는 크게 기뻐하면서 노래를 부르며 그 자리를 떠났습니다.

"몸은 마른 나무 같고 마음은 식은 재 같구나. 자기가 아는 것에 충실하여, 세상의 것을 지키지 않는다. 흐

리멍덩 무심해졌으니 더 이상 함께 이야기할 수가 없다. 도대체 설결은 어떤 녀석일까?"- 지북유

7-3.
성인은 자신만을 다스린다

견오가 미치광이 접여[狂接興]를 만났습니다. 접여가 견오에게 물었습니다.

"일전에 중시中始가 자네에게 무슨 말을 하던가?"

견오가 대답했습니다.

"왕이 된 자가 원칙과 규범을 세우고 그것을 솔선수범한다면 누군들 따라서 감화되지 않겠는가'라고 하셨습니다."

접여가 말했습니다.

"거짓된 덕이다. 그렇게 천하를 다스리는 것은, 바다를 걸어서 건너고 강을 손으로 파내며 모기에게 산을 짊어지게 하는 것과 같다. 성인의 다스림이 법으로 사물을 다스리는 것이더냐? 자기를 바르게 한 후 행동하고 오직 자기가 할 수 있는 것만을 할 뿐이다. 새는 높이 날아올라 화살을 피하고, 생쥐는 신단神壇 아래 깊이 구멍을 파서 연기를 피하고 파헤쳐지는 재난도 피한다. 자네는 두 벌레만큼의 지혜도 없구나."_응제왕

7-4.
세상을 다스린다는 비루한 생각

천근天根이 은산殷陽의 남쪽으로 여행할 때였습니다. 요수蓼水에 이르러 우연히 무명인을 만나 그에게 물었습니다.

"천하를 어떻게 다스려야 하는지 여쭙겠습니다."

무명인이 대답했습니다.

"가시오. 그대는 비루하군. 어찌 그처럼 불쾌한 질문을 하는지. 나는 이제 조물자와 벗이 되어 세속이 싫어지면 까마득히 높이 나는 새를 타고 천지사방의 밖으로 나가, 아무것도 없는 곳[無何有之鄕]으로 가서 그곳 드넓은 들판[壙埌之野]에서 살려 하네. 그대는 어째서 천하를 다스리는 일 따위로 내 마음을 어지럽히려 하는가?"

그럼에도 불구하고 천근이 재차 묻자 무명인이 대답

하였습니다.

"마음을 담담하게 놀리고 기를 고요하게 길러, 만물의 자연스러운 전개에 따를 뿐 사사로움을 개입시키지 말게. 그러면 천하가 다스려질 것이네." - 응제왕

7-5.
명왕明王이란?

양자거陽子居가 노담에게 물었습니다.

"여기 한 사람이 있습니다. 민첩하고 강인하며, 사물의 이치에 투철해 도리에 밝고, 더구나 도를 배우는 데 게으르지 않습니다. 이런 사람이라면 명왕明王에 견줄 수 있지 않을까요?"

노담이 대답했습니다.

"이런 자는 성인과 비교하면 하찮은 일을 맡거나 작은 재주를 갖고 있는 자에 불과하다. 몸을 수고롭게 하고 마음을 졸일 뿐이지. 또한 호랑이와 표범은 그 무늬 때문에 사냥꾼을 끌어들이고, 원숭이는 그 민첩한 재주 때문에, 개는 살쾡이를 잡는 능력 때문에 올가미에 걸리게 된다. 이런 사람을 어찌 명왕에 견줄 수 있겠느냐?"

양자거가 낯빛을 고치며 공손히 물었습니다.

"명왕의 다스림이 무엇인지 여쭙겠습니다."

노담이 대답하였습니다.

"명왕의 다스림이란, 공적이 천하를 뒤덮어도 자기가 한 일로 여기지 않고, 길러줌[化育]이 만물에 미쳐도 백성들은 은혜를 입었다고 생각하지 않는 것이다. 공이 있어도 이름을 드러내지 않아 만물이 스스로 기뻐하게 한다. 이런 사람은 헤아릴 수 없는 경지에 서서 어떤 것도 없는[無有] 세계에서 노닌다." _ 응제왕

7-6.
밥 짓는 열자

정나라에 계함季咸이라는 신통한 무당이 있었습니다.
죽고 사는 것, 얻고 잃는 것, 재앙과 행운, 오래 살지
일찍 죽을지를 모두 알고 있었습니다. 연월일까지 맞
추는 것이 마치 귀신같았습니다. 정나라 사람들은 그
를 보면 갖고 있던 것도 모두 버리고 달아나 버렸습
니다.

그런데 열자列子는 그를 보고 완전히 마음을 뺏겼습
니다. 돌아와 스승 호자壺子에게 말했습니다.

"지금까지 저는 스승님의 도가 가장 훌륭하다고 생
각했는데 그보다 더 훌륭한 게 있는 것 같습니다."

호자가 말했습니다.

"내가 너에게 가르친 것은 아직 도의 무늬[文]에 불과
하지 도의 실상이 아니다. 그런데도 너는 도를 다 터

득했다 생각했느냐? 암컷이 많아도 수컷이 없다면 알을 부화할 수 없는 법이다. 그 정도 도를 가지고 세상에 맞서 너를 드러내려 했으니 다른 사람이 네 관상을 볼 수 있었던 것이다. 어디 한번 데려와 내 관상을 보게 해보아라."

다음 날, 열자는 계함을 데리고 호자를 뵈러 갔습니다. 계함은 밖으로 나와 열자에게 말했습니다.

"아이고! 당신 선생은 곧 죽을 걸세. 살아날 가망이 없어. 열흘을 넘기지 못할 것이야. 나는 괴이한 조짐을 보았어. 젖은 재를 봤지."

열자가 들어가 눈물로 옷깃을 적시면서 호자에게 그 말을 전했습니다. 호자가 말했습니다.

"아까 나는 그에게 '대지의 무늬'[地文]을 보여 주었다. 숨이 싹트되 움직이지도 않고 멈추지도 않는 모습이다. 아마 내가 생기生氣를 막아 버린 것을 본 것일 게다. 어디 한번 또 데려와 보거라."

다음 날, 또 그를 데리고 호자를 뵈러 갔습니다. 그는 밖으로 나와 열자에게 말했습니다.

"행운이야, 그대의 선생이 나를 만난 건! 병이 나았어. 완전히 생기가 돌더군. 막혔던 게 풀리는 것을 봤지."

열자가 들어가서 그 말을 전하자 호자가 말했습니다.

"아까 나는 그에게 '천지의 모습'[天壤]을 보여 주었다. 이름을 붙일 수도 실제를 포착할 수도 없는 것으로, 생기가 발뒤꿈치에서 피어오르는 모습이다. 아마 내게서 생명의 기운을 본 것일 게다. 어디 한번 또 데려와 보거라.”

다음 날, 또 그를 데리고 호자를 뵈러 갔습니다. 그는 밖으로 나와 열자에게 말했습니다.

“당신 선생은 일정치가 않아. 나는 상을 볼 수 없어. 안정되면 다시 보아 주겠네.”

열자가 들어가서 그 말을 전하자 호자가 말했습니다. “아까 나는 그에게 ‘지극히 허령하여 조짐이 없는 모습’[太沖莫勝]을 보여 주었다. 아마 내게서 기氣의 평형을 본 것일 게다. 고래가 소용돌이 치는 물도 깊은 곳은 못이고, 잔잔한 물도 깊은 곳은 못이고, 흐르는 물도 깊은 곳은 못이다. 못에는 아홉 가지 이름이 있는데 지금 세 가지를 든 것이다. 어디 한번 또 데려와 보거라.”

다음 날, 또 그를 데리고 호자를 뵈러 갔습니다. 그는 이번엔 자리에 앉기도 전에 아연실색하여 달아났습니다. 호자가 말했습니다. “뒤쫓아라!” 열자가 그를 쫓았으나 잡지 못하고 돌아와 호자에게 말했습니다. “흔적도 보이지 않습니다. 이미 사라져 쫓아갈 수 없었습니다.”

호자가 말했습니다.

"아까 나는 그에게 '도와 일체된 모습'[未始出吾宗]을 보여 주었다. 나는 나를 텅 비우고 그에게 따르기만 했다. 그는 그것이 무엇인지 알지 못했을 것이다. 무언가 무너진다고도, 무언가 넘실대며 흘러간다고도 생각했을 거야. 그 때문에 달아난 것이다."

그 뒤 열자는 자기가 아무것도 배운 것이 없다는 것을 깨달았습니다. 열자는 집으로 돌아가 삼 년 동안 문 밖으로 나오지 않았습니다. 아내를 위해 밥을 지을 뿐 아니라 돼지에게도 사람 대하듯 밥을 먹였습니다. 세상일에 좋고 싫음을 구별하지 않았습니다. 과거에 갈고닦았던 것을 본래의 소박함으로 되돌리고, 흙덩이처럼 우두커니 서서 세상만물과 섞였습니다. 한결같이 이렇게 살다가 생을 마쳤습니다._응제왕

7-7.
응할 뿐 담지 마세요

이름에 매달리지 마세요. 일을 도모하지 마세요. 번거로운 일을 맡지 마세요. 지식을 추구하지 마세요. 끝없이 변하는 만물과 한몸이 되어 무위자연의 세계에서 노니세요. 하늘로부터 받은 것을 극진히 하고 자기를 드러내지 말고 오직 텅 비우세요. 지인至人의 마음 씀씀이는 거울과 같아, 따라 나가 보내지도 않고 앞으로 나가 맞이하지도 않습니다. 응할 뿐 담지 않습니다. 그러므로 모든 것을 감당하되 자신은 다치지 않습니다._응제왕

7-8.
달팽이의 양쪽 뿔

(전쟁을 일으키려는 위나라 왕에게 혜시가 대진인^{戴晉人}을 소개했습니다. 대진인이 위나라 왕에게 말했습니다.)

대진인 "전하께서는 달팽이를 아시지요?"
위왕 "알고 있네"
대진인 "그 달팽이 왼쪽 뿔에 나라를 세운 군주가 있었는데 이름이 촉씨^{觸氏}였고, 오른쪽 뿔에 나라를 세운 군주가 있었는데 이름이 만씨^{蠻氏}였습니다. 두 사람은 자주 땅을 놓고 다투면서 전쟁을 치렀습니다. 쓰러져 누운 시체가 수만이나 되고 도망가는 적군을 쫓다 보면 보름이 지나야 돌아올 수 있었습니다."
위왕 "음. 허무맹랑한 소리구나!"
대진인 "그럼 그 이야기를 실증해 보이겠습니다. 전하께선 우주, 천지사방에 끝이 있다고 생각하십니까?"

위왕 "끝이 없지."

대진인 "그렇다면 끝없는 천지사방에서 마음을 노닐게 한 후, 다시 사람이 사는 곳에 머문다면, 나라란 있기도 하고 없기도 한 것처럼 여겨지지 않겠습니까?"

위왕 "그렇겠지."

대진인 "사람이 사는 이곳에 위나라가 있고, 위나라 속에 양^梁이라는 고을이 있고, 양이라는 고을 속에 전하께서 계십니다. 그렇다면 전하와 만씨 사이에 무슨 구별이 있을까요?"

위왕 "구별이 …… 없소."

대진인이 물러가자 왕은 멍하니 넋이 나간 듯 보였습니다. _ 즉양

7-9.
강의 신이 바다의 신을 만나다

가을에 큰비가 내리면 모든 냇물은 황하로 흘러들어 물줄기가 광대해집니다. 한쪽 기슭에서는 다른 쪽 기슭에 있는 게 소인지 말인지 구분조차 할 수 없을 정도입니다. 황하의 신 하백河伯은 이에 뿌듯해하며 천하의 아름다움이 모두 자기에게 모여들었다고 생각했습니다.

하백은 황하를 타고 동쪽으로 내려가 북해의 끝에 도달했습니다. 거기에서 고개를 들어 동쪽 바다를 쳐다보니 물의 끝이 보이지 않았습니다. 하백은 비로소 얼굴을 돌려 북해의 신 약若을 보고 탄식하며 말했습니다.

"'도를 백 번쯤 들으면 세상에 나만 한 사람은 없다고 생각한다'는 옛말이 있는데 바로 저를 두고 한 말이

군요. 뿐만 아닙니다. 저는 공자의 견문도 하찮게 여기고 백이伯夷의 의리도 가볍게 여기는 자가 있다는 말을 들은 적이 있었는데 지금껏 믿지 않았습니다. 그런데 지금 저는 끝을 헤아릴 수 없는 당신의 무궁한 모습을 직접 보게 되었습니다. 제가 당신이 계신 곳에 오지 않았다면 위태로웠을 것입니다. 큰 도를 터득한 사람에게 비웃음을 당했겠지요."

북해 약이 말했습니다.

"우물 안 개구리에게 바다를 말해 줄 수 없는 것은 그가 좁은 우물 속에 갇혀 살기 때문이고, 여름 벌레에게 얼음을 말해 줄 수 없는 것은 그가 여름 한철 살기 때문이고, 하나만 고집하는 선비에게 도를 말해 줄 수 없는 것은 그가 명교名教에 매여 있기 때문이오. 그런데 지금 그대는, 황하에서 벗어나 큰 바다를 보고 자신의 어리석음을 깨달았으니, 이제 내가 큰 이치에 대해 말해 주리다."_추수

7-10.
자연과 인위

하백이 물었습니다.

"무엇을 자연[天]이라 하고, 무엇을 인위[人]라고 합니까?"

북해의 신 약이 대답했습니다.

"소와 말이 네 발로 태어난 것을 자연이라 하고, 말에 재갈을 물리고 소에 코뚜레를 씌우는 것을 인위라 합니다. 그래서 '인위로 자연을 손상시키지 말고 의도로 천성을 훼손시키지 말며, 덕을 명성에 희생시키지 말라'고 하는 것이오. 타고난 자연스러움을 간직하고 잃지 않는 것, 이것이 참된 세계[眞]로 돌아간다는 것이오." _ 추수

7-11.
기夔는 노래기를 부러워하고
노래기는 뱀을 부러워하고

발이 하나뿐인 기夔는 발이 많은 노래기[蚿]를 부러워
하고, 발이 많은 노래기는 발 없이 가는 뱀을 부러워
하고, 뱀은 모습 없이 가는 바람을 부러워하고, 바람
은 움직이지 않고 보는 눈을 부러워하고, 눈은 보지
않고 아는 마음을 부러워합니다.

기가 노래기에게 말했습니다.

"나는 발 하나로 가는 것도 힘든데, 자네는 그렇게 수
많은 발을 어떻게 움직일 수 있는가?"

노래기가 말했습니다.

"아니, 그렇지 않네. 자네 침 튀기는 사람을 본 적이
있는가? 재채기할 때 침을 튀기면, 큰 것은 구슬 같고
작은 것은 안개 같아 뒤섞여 어지럽게 흩어지는 것이
이루 다 셀 수가 없네. 나도 그처럼 타고난 대로 움직

일 뿐이지 어째서 그런지는 모른다네."

노래기가 뱀에게 말했습니다.

"나는 많은 발로 가는데도 발이 없는 자네에게 뒤처지네. 어째서일까?"

뱀이 말했습니다.

"타고난 대로 움직이는 것을 어찌 내가 바꾸겠는가? 어찌 내가 발을 쓸 수 있겠는가?"

뱀이 바람에게 말했습니다.

"나는 등과 배를 밀어서 앞으로 나가니 발이 있는 것과 비슷하네. 그런데 자네는 휙 하고 북해에서 불어 휙 하고 남해로 가니 발이 없어 보이네. 어떻게 그럴 수 있나?"

바람이 말했습니다.

"맞네. 나는 휙 하고 북해에서 불어 휙 하고 남해로 가지. 그러나 사람들은 손가락만으로도 나를 이길 수 있고, 발길질만으로도 나를 이길 수 있다네. 그래도 큰 나무를 동강내고 큰 집을 날려 버리는 것은 오직 나만이 할 수 있지. 자질구레한 패배를 하기 때문에 큰 승리를 얻는 것이네. 큰 승리를 얻는 것은 오직 성인만이 할 수 있는 것이지."_추수

7-12.
우물 안 개구리

(위魏나라 공자 모牟가 당대의 논객인 공손룡公孫龍에게
말합니다.)

"자네는 저 우물 안 개구리 이야기를 듣지 못하였소?
그 개구리가 동해에서 온 자라에게 이렇게 말했다오.
'아! 난 행복해. 밖에 나가면 우물 난간에서 팔짝팔짝
뛰놀고, 안에 들어오면 깨진 벽돌 틈에서 쉬고, 물에
뛰어들면 앞발을 모아 그 위에 턱을 올려놓고 쉬고,
흙탕물을 튕기면 뒷발의 발등까지밖에 흙이 묻지 않
아. 주변에 있는 장구벌레, 게, 올챙이를 모두 둘러봐
도 나만 못하지. 웅덩이 물을 독차지해서 내 멋대로
놀 수 있는 우물 안 즐거움이 최고야! 자네도 가끔 들
어와 보지 그래?'

동해의 자라는 우물 속으로 들어가려 했다오. 그러나 왼발이 다 들어가기도 전에 오른쪽 무릎이 우물에 꽉 끼어 버렸소. 자라는 어정어정 물러나 개구리에게 동해 바다 이야기를 해주었소.

'바다는 천 리 거리로도 그 크기를 말할 수 없고, 천 길 길이로도 그 깊이를 말할 수 없네. 우임금 때는 십 년 동안 아홉 번이나 홍수가 났지만 그 물이 조금도 불어나지 않았고, 탕임금 때는 팔 년 동안 일곱 번이나 가물었지만 그 물이 조금도 줄지 않았네. 시간이 지난다고 변하지도 않고, 비가 오든 오지 않든 달라지지도 않네. 이것이 동해의 큰 즐거움이지!'

우물 안 개구리는 이 말을 듣고 깜짝 놀라 아주 얼이 빠져 버렸다오."_추수

7-13.
대붕의 비상 [대붕 우화 ①]

북쪽 깊은 바다에 물고기 한 마리가 살았습니다. 이름을 곤鯤이라 합니다. 그 크기가 몇 천 리나 되는지 알 수가 없습니다. 곤은 변하여 새가 됩니다. 이름을 붕鵬이라 합니다. 그 등 길이도 몇 천 리나 되는지 알 수가 없습니다. 힘차게 날아올라 날개를 펴면 하늘을 뒤덮은 구름 같았습니다. 붕은 바다가 크게 출렁이면 남쪽 검푸른 바다로 날아가기 시작합니다. 그곳이 바로 천지天池입니다.

제해齊諧는 기이한 일을 많이 아는 사람입니다. 그가 말했습니다. "붕이 남쪽 바다로 날아갈 때에는 날개로 수면을 삼천 리나 친 후, 회오리바람을 타고 구만 리나 올라 육개월을 날아간 후 비로소 쉽니다."

아지랑이와 모래먼지는 생물들이 서로 입김을 내뿜

어서 생깁니다. 하늘이 푸르고 푸른 것은 본래의 색깔일까요, 아니면 멀고도 끝이 없어서 그렇게 보이는 것일까요? 붕새가 아래를 굽어보아도 이렇게 보이지 않을까요?

물이 깊지 못하면 큰 배를 띄울 수 없습니다. 한 잔의 물을 뜰의 패인 곳에 쏟아 부으면 겨자씨는 거기서 배가 되지만 잔은 바닥에 닿아 버립니다. 물은 얕고 배는 크기 때문입니다. 바람의 쌓임도 두텁지 않으면 큰 날개를 띄울 수 없습니다. 그래서 구만 리를 올라가야 충분한 바람이 날개 아래 쌓입니다. 그런 후에야 바람을 타고 푸른 하늘을 등에 질 수 있으니 이제 앞길을 가로막는 것은 아무것도 없게 됩니다. 그런 후에야 비로소 남쪽으로 날아갑니다.

매미와 새끼 비둘기가 그것을 보고 비웃으며 말합니다. "우리는 있는 힘껏 날아야 고작 느릅나무나 박달나무에 이를 뿐이잖아. 때론 거기에 이르지도 못한 채 바닥으로 고꾸라지기도 하지. 그런데 어찌 저 새는 구만 리를 올라 남쪽으로 간다고 할꼬?"

가까운 교외를 가는 사람은 하루 만에 다녀와도 아직 배가 부르지만, 백 리 길을 가는 사람은 밤새 양식을 준비하고, 천 리 길을 가는 사람은 석 달의 양식을 준비해야 합니다. 매미나 새끼 비둘기가 어찌 대붕의 비상을 알겠습니까? 얕은 지혜로는 깊은 지혜를 헤아릴 수 없고, 수명이 짧은 것은 수명이 긴 것을 알 수 없습니다.

한나절 사는 버섯은 초하루와 그믐이 있는 한 달의 시간을 알 수 없습니다. 여름 한철 사는 매미는 봄과 가을이 있는 일 년의 시간을 알 수 없습니다. 이들의 수명이 짧기 때문입니다. 초나라 남쪽에는 명령冥靈이라는 나무가 있습니다. 오백 년 동안 잎이 피는 봄을, 또 오백 년 동안 잎이 시드는 가을을 삽니다. 먼 옛날 대춘大椿이라는 나무가 살았습니다. 팔천 년을 꽃 피는 봄으로, 또 팔천 년을 잎이 지는 가을로 삼았습니다. 그런데 인간 세상에서는 지금까지도 불과 칠백 년을 산 팽조가 오래 산 사람으로 유명하여 뭇 사람들이 그와 같이 되려고 합니다. 이 또한 슬픈 일 아니겠습니까? _ 소요유

7-14.
지인至人, 신인神人, 성인聖人〔대붕 우화 ②〕

은나라의 시조 탕왕이 신하 극棘에게 들은 이야기도 이와 같은 것입니다.

"북쪽 메마른 땅에 깊은 바다가 있는데 이를 천지天池라 합니다. 그곳에 물고기가 살고 있었는데 넓이가 수천 리이고 길이는 알 수조차 없었습니다. 그 이름을 곤이라 합니다. 또 그곳에 새가 살고 있었습니다. 이름을 붕이라 합니다. 등은 태산과 같고 날개는 하늘을 뒤덮은 구름과 같습니다. 회오리바람을 타고 빙글빙글 구만 리나 치솟아 구름을 뚫고 푸른 하늘을 등에 지고서야 비로소 남쪽의 검푸른 바다로 날아갑니다.

메추라기가 그것을 보고 비웃으며 말합니다. '저 새는 도대체 어디를 가겠다는 것일까? 나는 힘껏 날아

봤자 채 몇 길도 못 오르고 다시 내려앉아 쑥대 사이를 날아다닌다. 이것조차 나로서는 대단히 높이 난 것인데 저 새는 도대체 어디를 가겠다는 것일까?'

이것이 바로 작은 것과 큰 것의 차이입니다.

그러므로 그 지혜라고는 한 직책 정도를 감당할 뿐이고, 그 행위라고는 한 고을 정도를 돌볼 뿐이며, 그 덕이라고는 한 임금 정도에게 신임을 받을 뿐이고, 그 능력이라고는 한 나라 정도에서 쓰일 뿐인 그런 자는 스스로를 바라보는 눈이 메추라기처럼 비좁을 따름입니다.

송영자宋榮子는 이런 사람들을 비웃었습니다. 그는 온 세상이 자신을 칭찬해도 더 힘쓰지 않았으며 온 세상이 자신을 비방해도 더 낙담하지 않았습니다. 자기 마음과 외부사물을 구별할 줄 알았고, 명예와 치욕을 구분할 줄 알았기 때문입니다. 그는 세상사에 대해 안달복달하지 않았습니다. 그러나 아직 도달하지 못한 경지가 있습니다.

열자는 바람을 부리며 바람을 타고 다닙니다. 세상사를 가뿐히 벗어나는 모습이 훌륭합니다. 떠난 지 보름이 되면 돌아옵니다. 그렇다고 바람이 잘 불길 바라지도 않습니다. 열자는 비록 걸어야만 하는 세상에서는 벗어났지만 여전히 바람에 의지하는 바가 있었습니다.

이에 비해 천지의 기운과 하나가 되어 자연의 무궁한 변화를 따르면서 자유의 무한한 경지에서 노닐 수 있다면 달리 의지할 것이 무엇이 있겠습니까? 그러므로 지인至人은 자기를 의식하지 않으며, 신인神人은 성과를 의식하지 않으며, 성인聖人은 이름을 의식하지 않습니다."_소요유

7-15.
이름은 실질의 껍데기

요임금이 허유에게 천하를 물려주고자 했습니다.
"해나 달이 솟아 세상이 환한데도 횃불을 계속 피우고 있다면 그 빛은 헛되지 않겠습니까? 때맞춰 비가 내렸는데도 밭에 계속 물을 대고 있다면 그 노고 역시 헛되지 않겠습니까? 선생님께서 천자가 되시면 천하가 잘 다스려질 텐데 여전히 제가 그것을 맡고 있습니다. 바람직하지 않습니다. 부디 천하를 맡아주십시오."

허유가 대답했습니다.
"그대가 천하를 다스려 세상이 이미 좋아졌습니다. 그런데도 내가 그대를 대신한다면 천자라는 이름을 좇는 것이겠죠? 이름이란 실질의 껍데기[客]일 뿐입니다. 그러니 나는 껍데기를 좇는 셈입니다.

뱁새가 깊은 숲속에서 둥지를 튼다 해도 필요한 것은 나뭇가지 하나에 지나지 않습니다. 두더지가 큰 강물에서 물을 마신다 해도 필요한 것은 작은 배를 채우는 양이면 충분합니다. 그대는 돌아가 쉬세요. 천하는 나에게 아무런 소용이 없습니다. 또한 제사를 준비하는 요리사가 요리를 못한다 한들 시동尸童이나 신주神主가 그 일을 대신할 수는 없는 노릇 아닙니까?"_소요유

7-16.
막고야산의 신인

견오肩吾가 연숙連叔에게 말했습니다.

"내가 접여接輿에게 어떤 이야기를 들었는데 그것이 크기만 하지 사리에 맞지 않고, 장황하기만 하지 시작과 끝이 없더군. 나는 그 이야기가 은하수처럼 끝도 없이 거대하여 그만 오싹해질 정도였지. 하지만 너무 상식과 달라 세상의 일이라고 생각하기는 힘들더군."

연숙이 물었습니다.

"그 이야기가 무엇이기에?"

견오가 대답했습니다.

"막고야貌姑射산에 신인이 살고 있는데 그 살갗이 얼음이나 눈같이 희고 투명하며 몸은 처녀처럼 나긋나긋하다는 게야. 그는 곡식을 먹고 사는 게 아니라 바람과 이슬을 먹고 산다는군. 게다가 구름 위에서 하늘의 용을 몰아 세상 밖에까지 가서 노닌다네. 신인이 자신의 기를 집중시키면 세상 모든 것이 병들지도 않고, 매년 곡식도 풍성하게 여문다는 게야. 나는 이 이야기가 도무지 허황되어 믿을 수가 없네"

연숙이 말했습니다.

"그렇겠군. 하지만 장님은 무늬와 빛깔을 볼 수 없고, 귀머거리는 종소리나 북소리를 들을 수 없지 않은가. 어디 몸에만 장님과 귀머거리가 있겠는가, 지혜에도 장님과 귀머거리가 있는 법이지. 지금 자네가 그러하네. 그 사람, 즉 신인의 덕은 만물에 널리 퍼져 있어 오로지 스스로 그러하게 할 뿐이네. 세상 사람들은 그가 천하를 다스려 주기를 원하지만 이미 모든 것이 스스로 다스려지게 되어 있는데 무엇 때문에 그가 천하를 다스리려고 노심초사하겠는가? 이 사람은 결코 외부 사물에 의해 손상되지 않네. 홍수가 나서 물이 하늘에 닿을 정도가 되어도 물에 빠져 죽지 않고, 가뭄이 들어 쇠와 돌이 녹아 땅과 산이 타들어가도 불에 타서 죽지 않아. 신인은 티끌이나 때 쭉정이나 겨로도 요순 따위를 만들 수 있는데 왜 굳이 천하를 다스리려고 하겠는가?"_소요유

7-17.
박이 크다면 배를 만들게

혜시가 장자에게 말했습니다.

"위나라 왕이 나에게 큰 박씨를 주더군. 심었더니 족히 다섯 섬은 들어갈 만한 크기의 박이 열렸네. 그런데 물을 담으니 무거워 들 수가 없고 쪼개서 바가지를 만드니 넓고 납작해 물을 담을 수가 없더군. 크기만 하지 쓸모가 없어 내 부숴 버리고 말았지."

장자가 대답했습니다.

"자네는 정말 큰 것을 쓸 줄 모르는군. 내가 이야기 하나 함세. 송나라에 손을 트지 않게 하는 약을 잘 만드는 사람이 있었지. 그는 그 약을 바르고 묵은 솜을 물에 빨면서 가업을 잇고 있었다네. 한 나그네가 이 소문을 듣고 약의 조제방법을 백 냥에 팔라고 했지. 그는 가족을 모아 놓고 '우리가 대대로 솜 빼는 일을 해왔지만 수입은 몇 푼에 지나지 않았다. 이제 약의 조제기술을 팔면 하루아침에 백 냥이 들어온다. 그러니 팔자'고 하였네. 나그네는 그 기술을 얻어 오나라 왕에게 가서 이 약의 효용에 대해 열심히 설명을 했네. 마침 월나라가 싸움을 걸어오자 오나라 왕은 그를 장군으로 삼아 겨울에 월나라와 수전水戰을 펼쳐 크게 이겼지. 왕은 그에게 땅을 주고 제후 벼슬을 내렸다네.

손을 트지 않게 하는 것은 한 가지인데, 한 쪽은 그것으로 제후가 되고, 다른 쪽은 솜 빠는 일을 면하지 못했네. 그것을 쓰는 방법이 달랐기 때문 아닌가? 자네는 다섯 섬들이 박으로 큰 술통 모양의 배를 만들어 강이나 호수에 띄워 놓고 유유자적하려 하지 않고 넓고 납작해 물을 담을 수 없다고 근심하는가? 자네 마음 씀씀이가 참으로 좀스럽네그려." - 소요유

7-18.
아무것도 없는 곳, 무하유지향無何有之鄕

혜시가 장자에게 말했습니다.

"나에게 큰 나무가 한 그루 있는데, 사람들은 그걸 개 똥나무라 하지. 그 큰 줄기는 옹이투성이라서 직선 을 그을 수가 없고, 작은 가지들은 이리저리 뒤틀리 고 굽어서 자를 델 수가 없을 정도라네. 길가에 서 있 지만 목수들은 거들떠보지도 않지. 지금 자네의 말은 이처럼 크기만 하고 쓸모가 없으니 사람들이 외면할 걸세."

장자가 대답했습니다.

"자네도 너구리나 살쾡이를 본 적이 있지 않은가? 그 놈들은 몸을 잔뜩 웅크리고 앉아 먹이를 노리지. 그 러다가 먹이를 발견하면 이리저리 쫓으면서 높고 낮 은 데를 가리지 않다가 결국 덫이나 그물에 걸려 죽고 말지. 그런데 저 검은 소는 그 크기가 하늘에 드리운 구름 같아서 큰일은 해도 쥐 잡는 일 따위는 못한다네. 지금 자네는 큰 나무를 가지고도 그것이 쓸모없다고 걱정하고 있네. 왜 그것을 아무것도 없는 곳 [無何有之鄕], 그 드넓은 들판[廣莫之野]에 심고 그 주변을 느긋하게 어슬렁거리거나 나무 아래에서 유유자적 낮잠이나 청하지 않는가? 도끼에 잘릴 일도 없고 달리 해를 끼치는 자도 없을 것일세. 그러니 쓸모없다는 것이 어찌 근심거리가 되겠는가?"_소요유

남쪽 바다 임금은 숙儵이고,

북쪽 바다 임금은 홀忽이며,

중앙의 임금은 혼돈混沌입니다.

숙과 홀은 자주 혼돈의 땅에서 만났습니다.

혼돈은 그들을 잘 대접하였습니다.

숙과 홀은 혼돈의 은덕을 갚을 방법을 의논했습니다.

"사람에게는 모두 일곱 개의 구멍이 있지요.

이 구멍으로 보고 듣고 먹고 숨을 쉬는데

혼돈에게만 이 구멍이 없으니

이제 이 구멍을 뚫어 줍시다."

하루에 한 구멍씩 뚫었습니다.

이레가 되자 혼돈은 그만 죽어 버리고 말았습니다.

_ 응제왕

『장자』(莊子)의 원 체재(體裁)와 이 책에서 다룬 부분